Henrique Valadares

CTA - Um algoritmo para problemas de atribuição de tarefas em tempo crítico

Henrique Valadares

CTA - Um algoritmo para problemas de atribuição de tarefas em tempo crítico

ScienciaScripts

Imprint

Any brand names and product names mentioned in this book are subject to trademark, brand or patent protection and are trademarks or registered trademarks of their respective holders. The use of brand names, product names, common names, trade names, product descriptions etc. even without a particular marking in this work is in no way to be construed to mean that such names may be regarded as unrestricted in respect of trademark and brand protection legislation and could thus be used by anyone.

Cover image: www.ingimage.com

This book is a translation from the original published under ISBN 978-620-2-30286-9.

Publisher:
Sciencia Scripts
is a trademark of
Dodo Books Indian Ocean Ltd. and OmniScriptum S.R.L publishing group

120 High Road, East Finchley, London, N2 9ED, United Kingdom
Str. Armeneasca 28/1, office 1, Chisinau MD-2012, Republic of Moldova, Europe
Printed at: see last page
ISBN: 978-620-7-62148-4

Visão geral

Este projeto fornece uma visão geral dos problemas de atribuição. Para compreender estes conceitos, são introduzidos alguns problemas clássicos de atribuição de tarefas. Posteriormente, é dada a definição de um problema de tarefa de tempo crítico. São apresentadas as abordagens mais comuns para resolver problemas de atribuição de tarefas. Algumas dessas abordagens são: Programação inteira, métodos de licitação e métodos baseados em campo. Cada uma destas abordagens tem vantagens e desvantagens.

No capítulo seguinte, veremos como os algoritmos de atribuição de tarefas podem ser utilizados para resolver problemas de logística e de cadeia de abastecimento. Analisaremos também o concurso de programação multi-agente organizado todos os anos pela Universidade de Tecnologia de Clausthal (Alemanha). Este concurso foi concebido para promover a investigação no domínio dos sistemas multiagentes. O cenário do concurso de 2016 exige a implementação de um algoritmo de atribuição de tarefas em tempo crítico que possa ser aplicado a problemas de logística e de cadeia de abastecimento.

O Custering Task Assignment (CTA) é um algoritmo para a atribuição de tarefas em tempo crítico que tenta ultrapassar os pontos fracos das abordagens mais comuns. A ideia é agrupar os grupos em tarefas com os melhores candidatos (agentes livres) de acordo com uma heurística. Por outras palavras, a localização que os agentes precisam de alcançar (configuração da tarefa) é considerada o centróide do agrupamento, e os agentes dentro de cada agrupamento são os candidatos para executar cada tarefa. O nome Atribuição de Tarefas em Cluster tem a ver com um conceito lógico em que os agentes formam grupos. O algoritmo não utiliza uma abordagem matemática para o agrupamento, por exemplo, as regiões dos clusters nunca são calculadas, servindo apenas como saída gráfica para facilitar a compreensão do algoritmo.

O capítulo seguinte contém um exemplo de aplicação da AIC ao Concurso de Programação Multi Agente 2016, descrevendo passo a passo todo o processo de atribuição de tarefas e instanciando agentes e tarefas com valores. O capítulo de resultados compara a AIC com a CNEP em termos de velocidade de atribuição e eficiência da solução. É explicado porque é que a CNEP foi escolhida como alvo de comparação. Este capítulo explica também a métrica de comparação, os cenários de comparação e os atributos utilizados para gerar estatísticas.

Lista de acrónimos

AGV Automatic Guided Vehicle
CTA Clustering Task Assignment
CNET Contract Net Protocol
DSS Distributed Sensing System
FBA Field-Based Approach
FBTA Field-Based Task Assignment
ILP Integer Linear Programming
SMP Stable Marriage Problem

Introdução

Definição do problema da atribuição de tarefas

O problema da afetação de tarefas consiste em encontrar uma forma de afetar certos recursos disponíveis (máquinas ou seres humanos) para realizar determinadas tarefas ao menor custo, assumindo que os recursos podem ser afectados por várias tarefas e que cada tarefa pode ser realizada por vários recursos. Este é um dos problemas fundamentais da otimização combinatória no domínio da otimização ou da investigação operacional. Os algoritmos de atribuição de tarefas podem ser aplicados à atribuição de tarefas a empregados, fábricas a produtos, vendedores a territórios, proponentes a contratos, etc. Com uma implementação simples, a atribuição de tarefas pode ser aplicada a problemas de otimização. Um algoritmo de atribuição de tarefas procura uma atribuição que optimize uma determinada função de custo, por exemplo, o rendimento máximo ou o tempo mínimo de execução. No entanto, a maioria dos algoritmos polinomiais conhecidos fornece soluções subóptimas[29]. Em geral, as soluções óptimas podem ser encontradas através de uma pesquisa exaustiva, mas na vida real, os computadores não dispõem de tempo ilimitado e nós não dispomos de tempo infinito para encontrar a solução óptima. Dependendo da forma da função de custo, os problemas de afetação podem ser classificados como lineares ou quadráticos.

As soluções óptimas para o problema de atribuição linear podem ser calculadas em tempo polinomial utilizando o algoritmo húngaro [15]. No entanto, o problema de afetação quadrática é NP-difícil [28] e obtêm-se soluções sub-óptimas utilizando várias relaxações. As abordagens são puramente discretas [1] ou contínuas [31] e baseiam-se na solução de equações diferenciais que convergem sempre para uma afetação discreta.

As abordagens de atribuição podem ser em linha [16], [32] ou fora de linha [10], dependendo do facto de a atribuição de agentes a tarefas ser concebida para ter em conta as alterações no ambiente da tarefa ou de ser resolvida antecipadamente de forma independente.

A atribuição de tarefas também tem por objetivo melhorar o desempenho do sistema, geralmente reduzindo o tempo de execução global. Nos problemas de atribuição de tarefas a vários agentes no domínio do tráfego, o desempenho está relacionado com a minimização do custo que os agentes têm de suportar para se deslocarem no ambiente. ([10],[26])

1.1 Complexidade dos problemas de atribuição de tarefas

Para compreender melhor a complexidade dos problemas de atribuição, vejamos alguns problemas clássicos de atribuição de tarefas da literatura:

- Problema de atribuição generalizado Existem vários agentes e várias tarefas. A cada agente pode ser atribuída qualquer tarefa, incorrendo em custos e lucros que podem variar consoante a atribuição de agentes e tarefas. Além disso, cada agente tem um orçamento e a soma dos custos das tarefas que lhe são atribuídas não pode exceder esse orçamento. Uma atribuição em que todos os agentes não excedem o seu orçamento e o lucro total da atribuição é maximizado. [4]

- Problema linear de atribuição de estrangulamentos Existem vários agentes e várias tarefas.

A cada agente pode ser atribuída qualquer tarefa, incorrendo em custos que podem variar consoante a atribuição agente-tarefa. Todas as tarefas são completadas atribuindo exatamente um agente a cada tarefa de forma a minimizar o custo máximo de cada atribuição.

- Problema de atribuição de armas Suponhamos que um centro de comando no solo ou no ar precisa de reatribuir um conjunto de plataformas ou de reatribuir as suas armas a um conjunto de alvos. Assume-se que cada plataforma transporta um ou mais tipos de armas e que cada alvo é servido, no todo ou em parte, por um tipo de arma servido por uma plataforma (a seguir designada por "fonte"). Uma fonte pode servir vários alvos, mas supõe-se que fornece apenas um tipo de arma quando visita um alvo. Uma fonte deixa o local de partida, serve diferentes destinos e regressa ao local de chegada. A fonte não pode viajar mais do que a sua capacidade de deslocação (com base no combustível disponível e no bingo). Uma ordem (ou tarefa) pode ser descrita como a atribuição de uma fonte a destinos com armas adequadas que satisfaçam o limite da capacidade de deslocação[22].

- Problema das Minas e das Fábricas Suponhamos que temos um conjunto de n minas que extraem minério de ferro e um conjunto de n fábricas que consomem o minério de ferro que as minas produzem. Para simplificar, vamos supor que estas minas e fábricas formam dois subconjuntos disjuntos M e F do plano euclidiano R2 . Suponhamos ainda que existe uma função de custo c : R2 x R2 ^ [0,) tal que c(x, y) é o custo de transporte de uma carga de ferro de x para y. Assumimos também que cada mina só pode abastecer uma fábrica (não há divisão de transportes) e que cada fábrica precisa exatamente de um transporte para estar em funcionamento (as fábricas não podem funcionar com metade ou o dobro da capacidade). Nestas condições, um plano de transporte é uma bijeção T : M ^ F. Por outras palavras, cada mina m M fornece exatamente uma fábrica T(m) F e cada fábrica é fornecida por exatamente uma mina. Queremos encontrar o plano de transporte ótimo, ou seja, o plano T cujos custos totais são os mais baixos de todos os planos de transporte possíveis de M para F . Este caso especial motivador do problema de transporte é um caso do problema de afetação. Mais precisamente, é equivalente a encontrar uma correspondência com peso mínimo num grafo bipartido. [3]

- Problema de atribuição quadrática Existe um conjunto de n instalações e um conjunto de n localizações. Para cada par de localizações é dada uma distância e para cada par de instalações é dado um peso ou fluxo (por exemplo, a quantidade de mercadorias transportadas entre as duas instalações). O problema consiste em atribuir todas as instalações a localizações diferentes com o objetivo de minimizar a soma das distâncias multiplicadas pelos fluxos correspondentes. [6]

A maioria destes problemas não pode ser resolvida simplesmente com uma caneta e um pedaço de papel. Isto porque o número de combinações de valores possíveis (combinações de agentes e tarefas) pode variar demasiado. Além disso, não é fácil encontrar as melhores combinações. Para piorar a situação, uma pequena alteração numa variável pode reduzir drasticamente o valor da função objetivo. Por conseguinte, é necessária a utilização de assistência informática para encontrar a melhor combinação de variáveis. Além disso, não é possível alterar os valores manualmente. Além disso, a maioria destes problemas tem aplicações na vida real e as más decisões na atribuição de tarefas podem levar a uma penalização financeira elevada.

O problema da atribuição de armas pode ser aplicado, por exemplo, a um exército que está a travar uma guerra e precisa de atribuir armas às suas tropas. O custo do transporte de armas é muito elevado. Além disso, a atribuição das armas erradas às tropas erradas pode levar à morte de soldados desnecessários e, em casos extremos, à perda de toda a guerra. Por conseguinte, é crucial tomar a melhor decisão possível.

O problema da afetação quadrática pode ser aplicado a problemas de logística em que uma empresa tem de transportar produtos entre as suas filiais. A empresa pretende reduzir ao máximo o consumo de gasolina e transportar a maior quantidade possível de mercadorias. Não determinar a melhor combinação de produtos a carregar nos veículos e não enviar os veículos para o melhor local possível pode resultar numa grande perda financeira.

Por conseguinte, a complexidade das tarefas é geralmente muito elevada. Para piorar a situação, esta complexidade pode aumentar com o tempo necessário para a solução.

1.2 Definição do problema crítico em termos de tempo

Algumas aplicações de problemas de atribuição de tarefas são aplicações em tempo real, porque exigem uma resposta numa pequena janela de tempo. Existem numerosas definições de problemas críticos em termos de tempo, a maior parte das quais derivam de aplicações em tempo real, tais como Nas aplicações em tempo real, o computador deve frequentemente executar programas em resposta a sinais externos e garantir que cada um desses programas seja concluído num determinado intervalo após a ocorrência do sinal de disparo. [24]. Os programas em tempo real têm de garantir uma resposta dentro de determinados limites de tempo, frequentemente designados por "prazos" [27]. [27]. A correção deste tipo de sistema depende tanto dos seus aspectos temporais como funcionais. As respostas em tempo real são frequentemente entendidas como sendo da ordem dos milissegundos, por vezes microssegundos. Um sistema que não seja especificado como funcionando em tempo real não pode normalmente garantir uma resposta num determinado período de tempo, mesmo que possam ser especificados tempos de resposta reais ou esperados.

Como vimos, a maioria das definições é vaga quanto ao tempo exato de resposta necessário para classificar um problema como crítico em termos de tempo. Por conseguinte, para efeitos de classificação, definiremos um problema crítico em termos de tempo como um problema que exige uma resposta em menos de um segundo, enquanto qualquer outro tipo de problema que possa fornecer a resposta em mais de um segundo é considerado um problema não crítico em termos de tempo.

A complexidade dos problemas não críticos em termos de tempo é inferior à das aplicações em tempo real porque os algoritmos têm mais tempo para encontrar melhores soluções através de um mecanismo de pesquisa mais consistente e sofisticado. Embora alguns algoritmos não exijam uma resposta em tempo crítico, a sua complexidade também pode ser muito elevada.

1.3 Problema de tempo não crítico

Para explicar melhor um problema de atribuição de tarefas não crítico em termos de tempo existente na literatura: o problema do casamento estável (SMP) [18] é um problema que consiste em encontrar uma correspondência estável entre dois conjuntos de elementos de igual dimensão, dada uma ordem de preferência para cada elemento. Uma correspondência é um mapeamento dos elementos de um conjunto para os elementos do outro conjunto. Uma correspondência não é estável se: Existe um elemento A do primeiro conjunto de correspondência que prefere um certo elemento B do segundo conjunto de correspondência ao elemento com o qual A já combina, e B também prefere A ao elemento com o qual B já combina. Por outras palavras, uma correspondência é estável se não existir uma correspondência (A, B) que torne A e B individualmente melhores do que o elemento com o qual correspondem atualmente.

O problema do casamento estável foi formulado da seguinte forma: Dado n homens e n mulheres, e tendo cada pessoa ordenado todos os membros do sexo oposto por ordem de preferência, casar os homens e as mulheres de tal forma que não haja duas pessoas do sexo oposto que preferissem ter a outra como seu parceiro atual. Se não existirem tais casais, diz-se que o conjunto de casamentos é estável"[18].

O SMP é um problema de otimização NP-difícil, embora não exija uma resposta em tempo real. Neste problema clássico de atribuição de tarefas, pode demorar mais tempo a concluir, o que significa que a pesquisa pode demorar mais tempo, conduzindo a um resultado mais fiável. Vamos aplicar o PMS a um problema do mundo real em que as pessoas estão à procura de um parceiro para partilhar um apartamento e todos têm acesso aos perfis uns dos outros num sítio Web. Assim, as pessoas poderiam classificar os parceiros de acordo com as suas preferências, mas as correspondências são calculadas pelo sistema. O algoritmo teria de procurar na base de dados as melhores correspondências. Além disso, esta pesquisa demoraria muito tempo se o número de utilizadores fosse elevado. Neste problema, é possível encontrar uma solução em menos de um segundo, mas os resultados podem não ser muito fiáveis. Por outras palavras, pode ser encontrado um par, mas com a possibilidade de encontrar correspondências melhores. Por conseguinte, um período de tempo de um a dez segundos seria aceitável para este problema, pelo que este problema pode ser classificado como não crítico em termos de tempo. Outra razão para classificar este problema como não crítico em termos de tempo é a importância da decisão. Uma vez que a decisão de viver com alguém é crucial, é preferível gastar mais tempo à procura de um par mais fiável do que correr o risco de juntar duas pessoas que têm mais probabilidades de ter problemas de relacionamento.

1.4 Problemas críticos em termos de tempo

Em contraste com o SMP, alguns problemas de atribuição de tarefas são críticos em termos de tempo. Por exemplo, a questão de como um sistema operativo atribui tarefas aos processadores. Por outras palavras, se um conjunto de K tarefas tiver de ser executado num sistema distribuído com n processadores, a que processador deve ser atribuída cada tarefa? Para além de ser um problema NP-difícil, é também importante considerar que o utilizador não está disposto a esperar segundos para executar um programa depois de clicar num botão. Trata-se, portanto, de um problema de atribuição de tarefas de tempo crítico, uma vez que é necessário encontrar soluções quase óptimas em menos de um segundo para que os sistemas operativos funcionem sem problemas. Soluções quase óptimas significam que, por vezes, as tarefas não são atribuídas ao melhor grupo possível de processadores. Na maioria dos casos, é mais importante encontrar soluções quase óptimas do que demorar muito mais tempo a encontrar soluções ligeiramente melhores. Além disso, os utilizadores não gostariam de clicar num botão e esperar segundos que algo aconteça, pelo que é importante que o sistema operativo dê uma resposta em menos de um segundo. Outro problema muito importante de atribuição de tarefas em tempo crítico é o problema do controlo do tráfego aéreo, que envolve a programação de pistas e portas de embarque para aviões num aeroporto movimentado como o O'Hare em Chicago. A qualquer momento, os aviões aproximam-se do aeroporto, aterram nas pistas, carregam e descarregam passageiros e carga nas portas de embarque, aguardam a partida, aguardam reparações e deslocam-se nas pistas para partir. O controlador de tráfego aéreo tem de ter em conta todas estas actividades para planear as pistas e as portas de embarque. O controlador de tráfego aéreo comunica as velocidades, as direcções de voo e as altitudes às aeronaves, de modo a cumprir o planeamento. Se a situação se alterar, estas instruções podem ser modificadas. O objetivo consiste, em primeiro lugar, em garantir a segurança dos passageiros e do equipamento e, em segundo lugar, em cumprir os indicadores de desempenho, como a minimização dos custos de combustível e dos atrasos e a maximização do rendimento das pistas. [8]

O trabalho do controlador de tráfego aéreo é mais difícil nas horas de ponta, quando o número de aeronaves e a variedade de situações possíveis são muito elevados. Durante as horas de vazio, as tarefas podem ser efectuadas com muito menos tempo e esforço. Além disso, o padrão das horas de ponta e das horas mortas durante a semana é bastante regular. Por exemplo, poucos aviões chegam a O'Hare às 4 da manhã. O controlador de tráfego aéreo pode criar planos de voo optimizados para estes aviões e alterá-los conforme necessário devido a alterações meteorológicas e outros eventos incontroláveis. Às 18 horas, a situação é muito diferente. O controlador de tráfego aéreo não pode esperar criar planos de voo óptimos quando necessário. É necessária alguma forma de planeamento antecipado. O planeamento antecipado requer a modelação do tráfego que se aproxima e dos eventos incontroláveis para ter uma ideia das possíveis situações que podem exigir respostas às 18 horas. Enquanto as 4h e as 18h diferem muito em termos de complexidade e parâmetros do problema, as 18h de terça-feira têm o mesmo nível de dificuldade que as 18h de quarta-feira, mesmo que a combinação efectiva de aeronaves e outros parâmetros varie. Esta regularidade pode ser explorada para distribuir o tempo de consulta em linha entre as tarefas das 16 e das 18 horas[8].

Como já vimos, a complexidade dos problemas críticos pode ser muito elevada. Por exemplo, o problema da atribuição de tarefas aos sistemas operativos e o problema do controlo do tráfego são muito complicados e exigem respostas num curto espaço de tempo. Uma decisão errada na atribuição de tarefas pode levar a perdas financeiras. Por exemplo, durante o controlo do tráfego, se um avião aterrar numa porta de embarque demasiado afastada dos veículos de terra do aeroporto, estes têm de se deslocar desnecessariamente de um local para outro. O resultado é o desperdício de combustível. Em casos críticos, a atribuição de uma aeronave para aterrar numa porta de embarque sobrecarregada pode levar a um acidente, o que resultaria numa terrível catástrofe.

Como consequência da complexidade dos problemas de tempo crítico, o estudo deste tipo de algoritmos é muito importante porque estes problemas são normalmente muito complexos e requerem respostas em poucos intervalos de tempo. Por exemplo, os problemas de tempo crítico podem ser tão complexos como o problema SMP, mas requerem soluções em menos tempo do que as aplicações em tempo real.

Para resolver o problema de obter respostas a problemas críticos em termos de tempo num curto espaço de tempo, a implementação de métodos heurísticos é essencial. Uma heurística é definida por [21] como: Qualquer abordagem para a resolução de problemas, aprendizagem ou descoberta que utilize um método prático que não é garantido ser ótimo ou perfeito, mas é suficiente para os objectivos imediatos onde encontrar uma solução óptima é impossível ou impraticável, os métodos heurísticos podem ser utilizados para acelerar o processo de encontrar uma solução satisfatória. Uma heurística é aplicada quando é impossível ou impraticável encontrar uma solução óptima num curto espaço de tempo, os métodos heurísticos são utilizados para acelerar o processo de encontrar soluções satisfatórias. Por outras palavras, as heurísticas melhoram a convergência dos algoritmos (sobretudo algoritmos de pesquisa) de modo a que as soluções encontradas em cada iteração proporcionem grandes passos no valor da função de avaliação. Este processo conduz a uma convergência mais rápida para um conjunto de soluções óptimas.

1.5 Estrutura do documento

Chapter 1: Trabalhos relacionados
Este capítulo apresenta as abordagens mais comuns para resolver problemas de atribuição de tarefas, tais como: Protocolo de rede de contrato, abordagem baseada em campo e programação linear.

Chapter 2: Estudo de caso
Este capítulo explica alguns problemas do mundo real que requerem algoritmos de atribuição de tarefas. Por exemplo, a logística e a cadeia de abastecimento. Além disso, é apresentado um caso de utilização da investigação que lida com este tipo de problema.

Chapter 3: Especificação da atribuição de tarefas de agrupamento (CTA)
Este capítulo explica as ideias subjacentes à Atribuição de Tarefas por Agrupamento (CTA) para resolver problemas de atribuição de tarefas em tempo crítico: a descrição completa do algoritmo, critérios para heurísticas, regras e fórmulas aplicadas.

Chapter 4: Candidaturas do CTA ao concurso de programação multiagente 2016
Este capítulo contém um exemplo de uma atribuição de tarefas efectuada com o algoritmo CTA no âmbito do concurso de programação multiagente de 2016. As etapas são explicadas passo a passo, substituindo as variáveis por valores dos agentes e propriedades

das instalações.

Chapter 5:   Resultados

Neste capítulo, as técnicas do algoritmo proposto são comparadas com o conhecido protocolo Contract Net. Algumas estatísticas e gráficos são fornecidos como referência para comparação.

Chapter 6:   Conclusões

Neste capítulo, são analisados os resultados dos diferentes cenários e determina-se se o algoritmo proposto supera o protocolo de rede contratual. As vantagens e desvantagens do novo algoritmo também são descritas.

Chapter 7:   Investigação futura

Este capítulo explica as estratégias utilizadas para reduzir os erros do algoritmo CTA.

Trabalhos relacionados

2.1 Abordagem de investigação operacional

A investigação operacional é uma disciplina que se ocupa da aplicação de métodos analíticos avançados para tomar melhores decisões. É muitas vezes considerada um subcampo da matemática aplicada. A investigação operacional preocupa-se frequentemente em determinar o máximo (o lucro, o desempenho ou o retorno) ou o mínimo (a perda, o risco ou o custo) de um objetivo no mundo real. Por outras palavras, a investigação operacional foi concebida para resolver problemas de otimização. Para atingir estes objectivos, são utilizadas técnicas de outras ciências matemáticas, por exemplo, a modelização matemática, a análise estatística e a otimização matemática. Tal como a heurística, a investigação operacional conduz a soluções óptimas ou quase óptimas para problemas complexos de tomada de decisões.

A Investigação Operacional pode lidar com problemas de otimização que surgem em inúmeros domínios de estudo diferentes, tais como:

- Globalização: Globalização dos processos empresariais para tirar partido de materiais, mão de obra, terrenos ou outros factores de produtividade mais baratos

- Encaminhamento, por exemplo, definir as rotas dos autocarros de modo a que seja necessário o menor número possível de autocarros.

- Gestão da cadeia de abastecimento: Gestão do fluxo de matérias-primas e produtos com base na procura incerta de produtos acabados.

- Problemas de atribuição de tarefas: como os problemas descritos no capítulo 1, secção: Complexidade dos problemas de atribuição de tarefas.

Com esta abordagem, os problemas devem ser modelados em três etapas:
1) Definição das variáveis necessárias para a modelação do problema
2) Definir a função objetivo ou função de pontuação (esta é a meta que o problema está a tentar resolver).
Esta função tenta sempre maximizar ou minimizar algo.
3) Definir restrições (o intervalo possível de valores que as variáveis podem assumir).
Por fim, o algoritmo deve iterar para alterar os valores possíveis das variáveis de modo a maximizar ou minimizar a função objetivo. A forma de iteração das soluções fornecidas depende da técnica utilizada.

A Investigação Operacional coloca a tónica nos seus métodos de resolução de problemas de otimização através da programação matemática. Estes métodos são aplicados em função do tipo de função objetivo: Linear ou Não-Linear. Dentro dos problemas lineares existem:

2.1.1 Programação linear inteira (ILP)

Neste problema, todas as variáveis são inteiras e existe apenas um único objetivo que deve ser maximizado ou minimizado. Este método pode ser utilizado para resolver a maior parte dos problemas clássicos do Capítulo 1:
1) Problema de atribuição quadrática
2) Problema de atribuição generalizado
3) Problema linear de afetação de estrangulamentos
Este método é também utilizado na vida real para resolver numerosos problemas de atribuição de tarefas. Por exemplo, nestes artigos ([5] , [23]). Em [5], o autor descreve um problema de otimização em que uma empresa pretende tornar o seu departamento de cadeia de abastecimento

mais eficiente para aumentar os seus lucros. O problema consiste em : Cada ator pode realizar um número máximo M de tarefas, cada tarefa pode ser atribuída a um subconjunto de actores e os custos são atribuídos ao par tarefa-ator. Assumindo que as tarefas são indivisíveis, os requisitos do problema de afetação são os seguintes: i) atribuir todas as tarefas aos agentes; ii) atribuir no máximo M tarefas a cada agente; iii) minimizar a carga máxima total de cada agente. O problema de atribuição é resolvido se todos os agentes concordarem com a mesma atribuição.

2.1.2 Programação linear multi-objetivo

Este problema é aquele em que todas as variáveis são inteiras. No entanto, existem pelo menos dois objectivos que podem ser convergentes ou contraditórios. Por exemplo, suponhamos que um fabricante de produtos químicos quer produzir dois tipos de substâncias, designadas por A e B, em grande escala. O fabricante quer maximizar os benefícios (objetivo 1), mas ao mesmo tempo minimizar as emissões poluentes geradas durante o processo de fabrico (objetivo 2). Existe, portanto, um conflito de objectivos[9].

2.1.3 Programação linear contínua

Neste problema, pelo menos uma variável é contínua e existe apenas um único objetivo que deve ser maximizado ou minimizado. Um problema clássico de atribuição de tarefas que pode ser resolvido utilizando esta técnica é o problema: minas e fábricas. Este problema difere dos outros problemas pelo facto de a quantidade de minério a transportar ser um valor discreto.

Prós e contras das abordagens de programação linear

As desvantagens das abordagens de programação linear estão relacionadas com todos os tipos de abordagens de pesquisa: Ficam presas no mínimo local. Este método tem a vantagem de permitir a implementação de heurísticas para acelerar a convergência ou a exploração da pesquisa. Ao longo dos anos, foram desenvolvidas inúmeras heurísticas para melhorar a convergência de tarefas de programação linear, por exemplo:([17] , [11]). Esta é uma das abordagens mais comuns para resolver problemas de atribuição de tarefas, uma vez que tem sido estudada desde há muito pela investigação operacional. Além disso, a programação linear é também utilizada para resolver problemas em muitos domínios de estudo diferentes.

2.2 Abordagens de concurso

Foram desenvolvidas numerosas abordagens na literatura. Uma das abordagens mais populares é o conhecido protocolo Contract Net Protocol (CNET). Ao contrário do ILP, o CNET resolve problemas de atribuição de tarefas com a ajuda de um protocolo. Foi desenvolvido por [25] na década de 1980.

2.2.1 Protocolo de rede do contrato

O protocolo de rede de contratos foi desenvolvido para especificar a comunicação e o controlo da resolução de problemas para agentes num solucionador de problemas distribuído. A atribuição de tarefas é influenciada por um processo de negociação, uma discussão entre agentes com tarefas a executar e agentes que podem ser capazes de executar essas tarefas. A utilidade da negociação como mecanismo de interação pode ser utilizada para atingir vários objectivos: por exemplo, distribuir o controlo e os dados para evitar estrangulamentos e permitir um grau de controlo mais apurado na atribuição de recursos e nas decisões de concentração do que é possível com os mecanismos tradicionais. [25].

O protocolo Contract-Net foi desenvolvido para resolver problemas distribuídos, tais como: Controlo de semáforos, deteção distribuída, pesquisa heurística. No estudo de caso de Smith, ele aplica o CNET a um sistema de deteção distribuída (DSS). Um DSS é uma rede de agentes sensores e processadores distribuídos por uma área geográfica relativamente grande. O objetivo é criar e manter um mapa dinâmico do tráfego de veículos nessa área. No entanto, a CNET tem sido frequentemente utilizada no mercado eletrónico para a compra e venda de bens. Também tem sido frequentemente aplicada a sistemas multiagentes, mais especificamente a problemas de atribuição de tarefas.

Quando o autor se refere a um processo de negociação, está a referir-se a um processo de concurso em que um contratante apresenta uma proposta para um cargo de gestão. O gestor ou iniciador é responsável pelo controlo da execução de uma tarefa e pelo processamento dos resultados da execução. Um contratante ou participante é responsável pela execução efectiva da tarefa. Num processo de concurso, os contratantes competem por uma tarefa e o gestor decide qual é o contrato mais favorável. Os critérios de seleção são determinados pelo gestor. As negociações entre o gestor e o contratante têm as seguintes características:

- Qualquer intermediário pode ser um empresário ou um gestor

- Trata-se de um processo local que não necessita de um controlo centralizado. Por outras palavras, cada um dos agentes é autónomo em termos da sua capacidade de processar informação e de comunicar.

- Existe uma troca de informações nos dois sentidos. Em suma, o gestor pode comunicar com o contratante e o contratante pode enviar mensagens ao gestor.

- Cada parte negociadora analisa a informação na sua própria perspetiva. Isto significa que o contratante pode apresentar uma proposta e o diretor-geral pode aumentá-la. A decisão de aceitar este aumento cabe ao contratante.

- O acordo final é alcançado através de uma seleção mútua. Por outras palavras, o administrador analisará cada uma das propostas válidas para tomar a sua decisão.

O protocolo do Contract Net está dividido em 6 etapas. Estas regras devem ser respeitadas para que o processo de negociação seja bem sucedido: 1) Anúncio da tarefa

Um agente que cria uma tarefa inicia normalmente as negociações do contrato, informando os outros agentes da existência dessa tarefa através de um anúncio de tarefa. Em seguida, actua como administrador da tarefa. Um anúncio de tarefa pode ser dirigido a todos os agentes da rede (difusão geral), a um subconjunto de agentes (difusão limitada) ou a um único agente (ponto-a-ponto). Os dois últimos tipos de endereçamento, que designamos por endereçamento focalizado, reduzem a sobrecarga de processamento de mensagens, permitindo que os agentes não endereçados ignorem os anúncios de tarefas depois de examinarem apenas a ranhura do destinatário[25]. Isso é útil se o gerente quiser apenas informar os agentes livres sobre uma nova tarefa. Um anúncio de tarefa tem quatro ranhuras principais:

- A especificação de admissibilidade é uma lista de critérios que um agente deve cumprir para poder apresentar uma proposta. Esta ranhura reduz o volume de mensagens, eliminando os agentes cujas propostas seriam claramente inaceitáveis. De certa forma, é uma extensão da ranhura do destinatário. O endereçamento direcionado pode ser utilizado para limitar os possíveis participantes se o gestor conhecer os IDs dos agentes adequados. A ranhura de especificação de aptidão é utilizada para restringir ainda mais os possíveis inquiridos se o gestor não conhecer os IDs dos agentes aptos, mas puder escrever uma descrição desses agentes.

- A abstração da tarefa é uma breve descrição da tarefa a executar. Permite a um agente categorizar a tarefa em comparação com outras tarefas anunciadas. É utilizada uma abstração em vez de uma descrição completa para reduzir o comprimento da mensagem.

- A especificação da oferta é uma descrição da forma esperada de uma oferta. Permite ao gestor especificar o tipo de informação que considera importante sobre um agente que pretenda executar a tarefa. Isto fornece uma base comum para comparar as ofertas e permite que um agente inclua na sua oferta apenas a informação sobre as suas competências que é relevante para a tarefa, em vez de uma descrição completa. Isto simplifica a tarefa do gestor na avaliação das ofertas e reduz ainda mais o envio de mensagens.

- O tempo de expiração é um prazo para a receção das propostas. Assumimos uma sincronização global entre os agentes. No entanto, o tempo não é crítico para o processo de negociação. Por exemplo, as propostas recebidas após o prazo de validade de um concurso de tarefas não são desastrosas: na pior das hipóteses, podem levar a uma seleção sub-óptima dos contratantes.

A Linguagem Interagente Comum

Faz sentido codificar a informação das ranhuras numa única linguagem de alto nível que possa ser compreendida por todos os agentes. A CNET chama-lhe uma linguagem comum entre agentes. Esta linguagem, juntamente com uma linguagem de programação de alto nível (para a transferência de procedimentos entre agentes), constitui uma base comum para a transferência de informações sobre as faixas horárias entre agentes. Embora o protocolo Contract-Net forneça um quadro que especifica o tipo de informação que deve preencher uma ranhura de mensagem, continua a ser uma tarefa difícil para o utilizador especificar o conteúdo real da ranhura para um determinado domínio problemático. No entanto, a CNET fornece ao utilizador uma ajuda adicional. Fornece uma linguagem muito simples baseada numa representação objeto-atributo-valor. A linguagem inclui uma gramática simples predefinida para cada ranhura e um conjunto de termos predefinidos e independentes do domínio (por exemplo, TAREFA, TIPO, PROCEDIMENTO e NOME). A representação, as gramáticas e os termos independentes mais importantes são oferecidos ao utilizador para o ajudar a organizar e especificar as informações sobre as ranhuras. O utilizador deve completar a linguagem com termos específicos do domínio (por exemplo, SENSOR) que sejam necessários para a respectiva aplicação. Uma mensagem que não precisa de ser compreendida por muitos agentes (por exemplo, mensagens trocadas por um gestor e um empreiteiro durante a execução de um contrato) pode ser codificada numa linguagem privada. Isto pode reduzir tanto o comprimento das mensagens como a sobrecarga necessária para as processar. Na CNET, essa informação "privada" é precedida de um carácter de "escape"; isto permite inserir informação privada em qualquer mensagem, incluindo uma mensagem que contenha alguma informação pública codificada da forma normal. [25]

2) Processamento do anúncio da tarefa

Todas as tarefas são escritas no CNET. Para cada tipo de tarefa, um editor mantém uma lista dos anúncios recebidos e ainda não expirados, ordenados por ordem de prioridade. Cada agente verifica as especificações de elegibilidade de todos os anúncios de tarefas que recebe. Ao fazê-lo, certifica-se de que as condições indicadas na especificação são cumpridas. Se for autorizado a apresentar uma proposta para uma tarefa, classifica-a em comparação com outras tarefas elegíveis. A classificação de um anúncio de tarefa é geralmente uma operação específica da tarefa. Muitas das operações envolvidas no processamento de outras mensagens são também específicas da tarefa. A CNET define um modelo de tarefa para cada tipo de tarefa. Através deste modelo, o utilizador pode definir os procedimentos necessários para processar cada tipo de tarefa[25].

3) Licitação

Nesta altura, o processador pode submeter ofertas para as tarefas anunciadas. O processador verifica a sua lista de anúncios de tarefas e selecciona uma tarefa para a qual deseja apresentar uma oferta. Se houver apenas um tipo de tarefa, o processo é simples. No entanto, se existirem vários tipos de tarefas, o agente tem de selecionar um deles. A versão mais recente da CNET selecciona a tarefa recebida mais recentemente (é mais provável que as tarefas mais antigas já tenham sido adjudicadas). Um agente inativo pode fazer uma oferta para a tarefa mais atractiva se ocorrer um dos seguintes eventos: 1) o agente recebe um novo anúncio de tarefa ou 2) é atingido o tempo de expiração de um anúncio de tarefa que o agente recebeu. Em cada ocasião, o agente toma a decisão (específica da tarefa) de fazer uma oferta ou esperar por mais anúncios de tarefas.

(No caso da tarefa de sinalização, um potencial contratante espera por mais anúncios para encontrar o gestor mais próximo). O espaço de abstração do agente de uma oferta é preenchido com uma breve especificação das competências do agente relevantes para a tarefa anunciada. É escrita na forma especificada na especificação da oferta do anúncio da tarefa correspondente. A ranhura de abstração do agente também pode conter uma série de instruções REQUIRE (por exemplo, REQUIRE PROCEDURE NAME FFT). As declarações deste tipo são utilizadas por um proponente para indicar que necessita de informações adicionais caso a tarefa lhe seja adjudicada. As declarações REQUIRE podem ser feitas quando duas condições são satisfeitas: 1) nenhuma condição MUST-HAVE foi prefixada aos objectos requeridos na especificação do anúncio de tarefa e 2) os objectos são transferíveis, ou seja, podem ser transferidos por mensagem. (Um procedimento se enquadra nessa classe, mas um dispositivo de hardware não.) O modelo de tarefa é útil aqui. Se um agente receber um anúncio para um tipo de tarefa com o qual não está familiarizado (ou seja, não possui o modelo), ele pode solicitar o modelo como uma abreviação conveniente para todo o conjunto de procedimentos associados a esse tipo de tarefa.

4) Processamento de cotações

As tarefas são colocadas em fila de espera localmente pelo gestor que as criou até poderem ser adjudicadas. O administrador também mantém uma lista de classificação das cotações que foram recebidas para a tarefa. Quando é recebida uma proposta, o gestor classifica-a em comparação com as outras propostas elegíveis. Se uma das propostas for considerada satisfatória, o contrato é imediatamente adjudicado a esse proponente. (A definição de "satisfatória" é específica para cada tarefa.) Caso contrário, o gestor aguarda por mais propostas. Se o prazo tiver sido atingido e o contrato ainda não tiver sido adjudicado, são possíveis várias acções. A ação apropriada é específica para cada tarefa, mas as opções incluem Adjudicar o contrato ao(s) proponente(s) mais aceitável(eis); enviar um novo anúncio de tarefa (se não tiverem sido recebidas quaisquer propostas); ou aguardar um intervalo de tempo antes de enviar um novo anúncio de tarefa (se não tiverem sido recebidas quaisquer propostas aceitáveis). Isto contrasta com a visão tradicional da atribuição de tarefas, em que é selecionado o agente mais adequado no momento. Os proponentes seleccionados são informados de que são agora contratantes de uma tarefa através de um anúncio de adjudicação. A especificação da tarefa contém uma especificação dos dados necessários para iniciar a execução da tarefa, juntamente com qualquer informação adicional solicitada pelo proponente. [25]

5) Cumprimento do contrato, notificação dos resultados e rescisão

Logo que um contrato seja adjudicado a um contratante. O relatório de informação é utilizado para a comunicação geral entre o gestor e o contratante durante o processamento de um contrato. O relatório é utilizado por um contratante para informar o gestor (e possivelmente outros destinatários do relatório) de que uma tarefa foi parcialmente executada (relatório intercalar) ou concluída (relatório final). O campo de descrição do resultado contém os resultados da execução. Os relatórios finais são o método normal de comunicação dos resultados. No entanto, os relatórios intercalares são úteis quando se pretende um controlo ao estilo do gerador. Pode atribuir-se uma tarefa a um empreiteiro e dar-lhe instruções para produzir relatórios intercalares assim que o próximo resultado estiver pronto. Em seguida, interrompe a tarefa até receber instruções do gestor para continuar (com uma mensagem de informação) e produzir outro resultado. O gestor também pode rescindir contratos com uma mensagem de rescisão. O contratante que recebe essa mensagem põe termo à execução do contrato especificado na mensagem e de todos os seus subcontratos pendentes[25].

6) Compromissos de negociação

Como as propostas são vinculativas e um empreiteiro pode apresentar mais do que uma proposta ao mesmo tempo, pode receber várias adjudicações. Estas são colocadas numa fila de espera pela ordem em que são recebidas. O custo desta situação é um desempenho global potencialmente mais lento do sistema (a carga pode ser distribuída de forma menos homogénea) do que seria o caso se fossem evitadas as adjudicações múltiplas. Se os agentes pudessem rejeitar as sobretaxas, as sobretaxas múltiplas poderiam ser evitadas. No entanto, o preço a pagar é, pelo menos, uma mensagem de confirmação adicional por transação. Nalguns casos, poderão ser muitas mensagens adicionais (se uma adjudicação for rejeitada por vários proponentes). Se um agente tivesse apenas uma proposta pendente, poderiam ser evitadas várias adjudicações. No entanto, o preço disso seria um atraso significativo. Os agentes seriam obrigados a permanecer inactivos até que um anúncio de tarefa expirasse, para depois se aperceberem de que as suas propostas tinham sido rejeitadas e terem de recomeçar o processo. Esta situação poderia afetar o desempenho global do sistema. O atraso acima referido poderia ser reduzido em alguns casos, informando explicitamente os proponentes não seleccionados de que as suas propostas foram rejeitadas. No entanto, o preço a pagar por isso seria provavelmente um aumento muito grande do tráfego de mensagens, partindo do princípio de que há vários proponentes por tarefa. Além disso, o atraso só seria reduzido para os contratos adjudicados antes de as datas de expiração dos avisos de tarefa serem atingidas. O CNP permite que um agente licite em intervalos relacionados com a receção de anúncios de tarefas, em vez de em intervalos fixos. É intuitivamente apelativo, oferece um compromisso razoável entre o tráfego de mensagens e o atraso na atribuição de tarefas, e teve um bom desempenho em experiências anteriores com a CNET. O CNP permite que um agente faça, no máximo, uma única oferta em cada ocasião. Este facto reduz o volume de mensagens e a possibilidade de um único agente licitar muito mais tarefas do que aquelas que pode executar. Pelas mesmas razões, o CNP só permite que agentes inactivos façam ofertas. Como resultado destas decisões, os contratos não são registados centralmente. Isto reduz ainda mais o envio de mensagens e mantém a natureza distribuída do processo de negociação[25].

Complexidade da CNET

A complexidade da CNET é linear, uma vez que a documentação normalizada da CNET apenas permite que cada agente efectue uma única tarefa de cada vez. Por outras palavras: Se N = número de tarefas a serem atribuídas. A complexidade do problema é igual a (N). Assim, num cenário em que é necessário atribuir 16 tarefas, se cada um dos agentes licitar uma única tarefa, o número de chamadas à função de pontuação é 16. No entanto, com a implementação predefinida da CNET, a qualidade da atribuição de tarefas pode ser assustadora sem uma heurística para determinar a tarefa a licitar. Por conseguinte, a implementação por defeito do algoritmo pode ser muito ineficiente em termos da qualidade das soluções. Por outro lado, pode ser muito eficiente em termos de tempo de atribuição.

Melhorias CNET

Ao longo dos anos, foram introduzidas várias melhorias nesta abordagem. O DynCNET [30] permite que um agente cancele uma tarefa se esta falhar. Esta outra versão melhorada da CNET [12] permite que um agente apresente propostas a vários clientes em simultâneo até encontrar o cliente mais adequado (aquele que é mais rentável para ele). O problema desta abordagem é que, se a função de avaliação é dispendiosa, a atribuição de tarefas também é dispendiosa, uma vez que cada agente licita para cada tarefa, o que leva a chamadas excessivas à função de avaliação. A vantagem desta abordagem é a elevada qualidade da solução, uma vez que garante que é selecionado o agente mais adequado.

Uma abordagem que implementa a abordagem de licitação e tenta resolver este problema é [20]. Nesta abordagem, cada leilão é efectuado entre grupos de agentes vizinhos e requer apenas comunicação local. Esta abordagem aumenta a complexidade da CNET de linear para polinomial, uma vez que permite aos agentes licitarem várias vezes. Isto significa: n(n + 1)/2, em que n é o número de tarefas a atribuir. Se, por exemplo, tiverem de ser atribuídas 16 tarefas, serão executadas 136 funções de avaliação no pior dos casos. Como resultado, os custos de computação são drasticamente reduzidos. No entanto, esta abordagem foi desenvolvida para agentes com as mesmas características; se os agentes tiverem características diferentes, as alterações ao

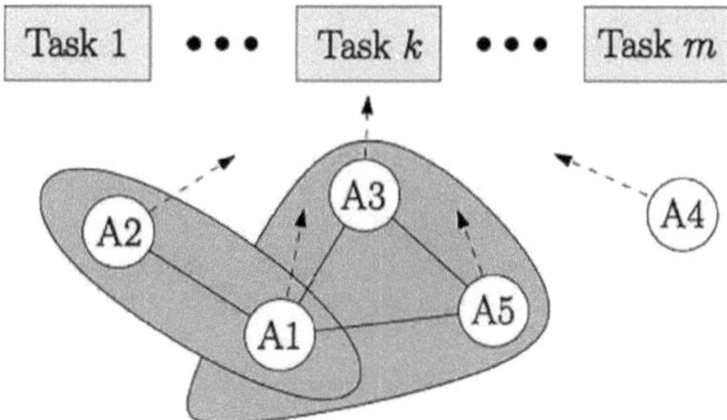

Figura 2.1: Formação de leilões locais: Consideremos os agentes A1 a A5, todos a solicitar a atribuição da tarefa k. As linhas sólidas entre os agentes indicam as ligações de comunicação. No cenário proposto, são formados dois leilões locais envolvendo os agentes A1 e A2 e A1, A3 e A5, respetivamente. Note-se que A1 participa em ambos os leilões. Se a oferta(A1) > maxbid(A2), oferta(A3), oferta(A5), então A2, A3 e A5 mudam para outra tarefa, enquanto A1 e A4 continuam a pedir a tarefa k. Se a oferta(A2) > oferta(A1) > oferta máxima(A3), oferta(A5), então A1, A3 e A5 mudam para outra tarefa. Da mesma forma, outros cenários de licitação também podem ser considerados, e os leilões locais são garantidos para resolver todos os empates na tarefa k.[20].
o algoritmo seria necessário.A maioria das abordagens que tentam alterar a CNET tendem a eliminar a restrição a uma única oferta. Esta estratégia diminui a velocidade do algoritmo mas aumenta a qualidade da solução. Se esta restrição for suprimida, a CNET poderá encontrar soluções óptimas para alguns cenários específicos, mas necessitará de heurísticas para determinar soluções quase óptimas quando o número de encomendas for demasiado elevado. De facto, a exclusão desta restrição conduz a um novo problema de otimização (encontrar a melhor combinação de atribuições para maximizar a utilidade). Sem esta restrição, a CNET pode garantir o conjunto ótimo de atribuições para os cenários seguintes:

*Todas as tarefas têm prioridades
*O número de tarefas a atribuir numa única ronda não é demasiado grande.

Por exemplo, se existirem 3 tarefas com diferentes prioridades a atribuir e 3 agentes, o número de chamadas à função de pontuação para determinar o conjunto de soluções óptimas é 3*2*1 = 6: 3*2*1 = 6. Por outras palavras, os 3 agentes licitam a primeira tarefa, o agente com o valor mais elevado da função de pontuação fica com a tarefa, para as tarefas seguintes apenas os dois agentes restantes competem pelas outras tarefas. No entanto, se as tarefas não tiverem prioridade, temos de encontrar a melhor configuração de cada agente para cada tarefa, de modo a que a soma dos valores da função de pontuação seja maximizada. Por outras palavras, este é um problema de otimização em si, os algoritmos teriam de chamar a função de pontuação: 3*3*3 = 27 vezes. Por conseguinte, o número de vezes que a função de pontuação é chamada aumenta exponencialmente com o número de tarefas.

2.3 Abordagens baseadas no terreno (FBA)

As abordagens típicas baseadas em protocolos para a atribuição de tarefas, como a rede de contratos, provaram o seu valor, mas podem não ser suficientemente flexíveis para lidar com a dinâmica contínua do ambiente. Os campos potenciais são uma técnica que teve origem na robótica, onde são utilizados para controlar a navegação de robôs em ambientes dinâmicos.

No início dos anos 80, os métodos de campo potencial (MPP) foram desenvolvidos principalmente para evitar obstáculos e tornaram-se cada vez mais populares entre os investigadores no domínio dos robôs e dos robôs móveis. A ideia de forças imaginárias a atuar sobre um robô foi proposta por [2] e [13]. Nestas abordagens, os obstáculos exercem forças de repulsão sobre o robô, enquanto o alvo exerce uma força de atração sobre o robô. A soma de todas as forças, a força resultante R, determina a direção e a velocidade de deslocação subsequentes. Uma das razões para a popularidade deste método é a sua simplicidade e elegância. Os PFMs simples podem ser implementados rapidamente e inicialmente fornecem resultados aceitáveis sem a necessidade de muito refinamento. Em [14], o método do campo potencial foi aplicado ao planeamento offline da trajetória e [14] propõe um método generalizado do campo potencial que combina o planeamento global e local da trajetória.

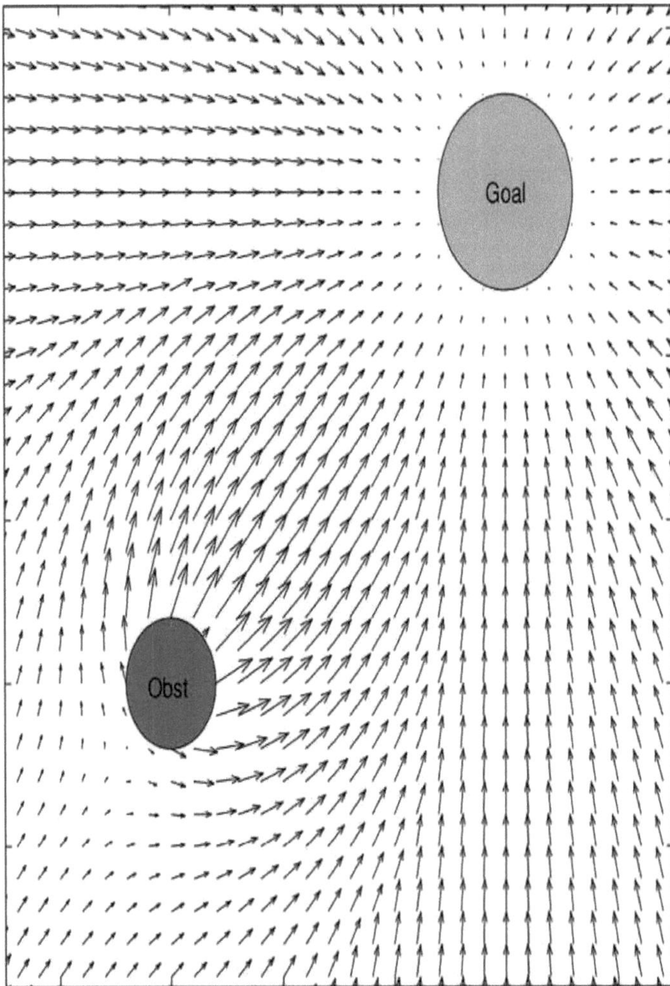

Figura 2.2: Evasão de obstáculos com base no campo

Mais tarde, as abordagens baseadas no terreno foram transferidas para problemas de atribuição de tarefas. Por exemplo, a abordagem foi implementada num sistema de transporte de Veículos Guiados Automaticamente (AGV) [30]. Na atribuição de tarefas com base no campo para AGVs, os transportadores emitem campos que atraem AGVs ociosos, enquanto AGVs concorrentes emitem campos de repulsão. Cada AGV ocioso segue o gradiente dos campos combinados que recebe,que o guiam até ao ponto de recolha de um meio de transporte. Por outras palavras, a ideia funciona ao contrário da prevenção de obstáculos. Ou seja, nos algoritmos baseados em campos de tarefas, o obstáculo é substituído pela localização da tarefa (o objetivo que o robô pretende alcançar) e as tarefas atraem os agentes em vez de os repelirem.

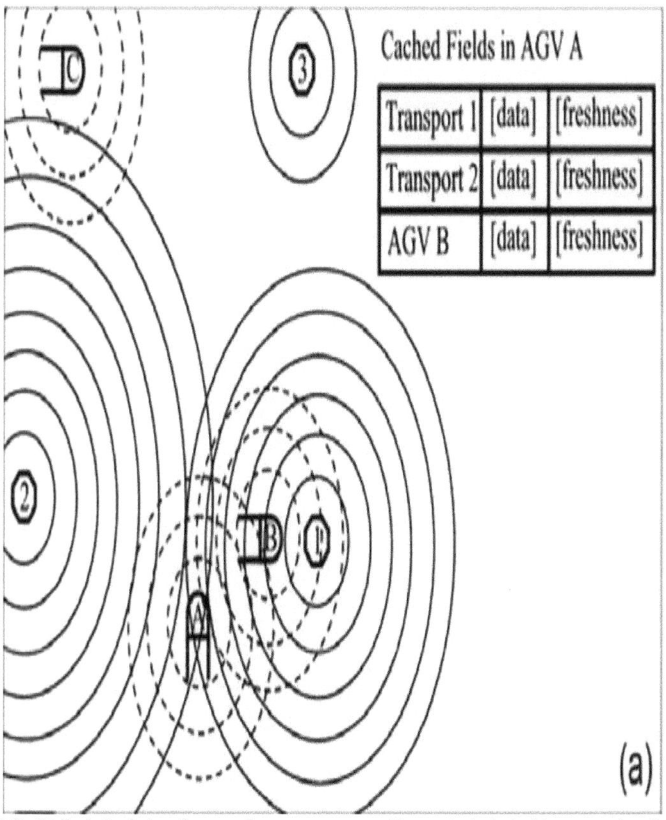

Transport 1	[data]	[freshness]
Transport 2	[data]	[freshness]
AGV B	[data]	[freshness]

Figura 2.3: Atribuição de tarefas com base no campo - O agente A é atraído para a tarefa 1 em vez da tarefa 2 porque está mais próximo desta. Se a tarefa 1 estivesse ocupada, emitiria um campo de repulsão

Tal como descrito anteriormente, a abordagem de atribuição de tarefas no terreno (FBTA) funciona de forma diferente da CNET e da ILP, uma vez que não utiliza um protocolo nem efectua uma pesquisa. Este aspeto pode realmente acelerar o processo de atribuição de tarefas, mas este método está completamente dependente da distância entre o veículo e as tarefas. Se os veículos tiverem características diferentes, esta abordagem não pode ter em conta esse facto.

Estudo de caso

3.1 Logística

A logística é geralmente a organização e a execução pormenorizadas de um processo complexo. Num sentido empresarial geral, a logística é a gestão do fluxo de mercadorias entre o ponto de origem e o ponto de consumo para satisfazer as necessidades dos clientes ou das empresas. Os grandes retalhistas, como o WalMart e o Carrefour, necessitam de serviços de cadeia de abastecimento muito eficientes para satisfazer a procura dos clientes. Do ponto de vista do consumidor, não fazemos ideia da complexidade deste problema. Por exemplo, quando compramos uma cerveja no supermercado, não nos apercebemos de que o pessoal do supermercado teve de comprar a cerveja a um fornecedor, o fornecedor teve de comprar o produto a uma fábrica, a fábrica teve de comprar os ingredientes básicos antes de o poder produzir e vender. Mas como é que este produto é transportado de um lado para o outro? Como é que o fornecedor determina a melhor forma de carregar os seus camiões e de os distribuir aos retalhistas?

Para resolver o problema da atribuição de tarefas em logística, os investigadores da Universidade de Tecnologia de Clausthal organizam um concurso anual de multi-agentes. Este concurso tem também como objetivo estimular a investigação sobre o desenvolvimento e a programação de sistemas multiagentes:

- Identificação dos principais problemas.
- a recolha de parâmetros de referência adequados.
- Coleção de casos de teste que requerem e aplicam uma abordagem coordenada.

3.2 Concurso para a programação multi-agente

O cenário utilizado em 2016 consiste em duas equipas de agentes que se deslocam pelas ruas de uma cidade realista. O objetivo de cada equipa é ganhar o máximo de dinheiro possível. O dinheiro é atribuído ao completar determinadas missões. As encomendas incluem a compra, a montagem e o transporte de mercadorias. Estas encomendas podem ser criadas pelo sistema (o ambiente) ou por uma das equipas de agentes, existindo dois tipos de encomendas: pagas e leiloadas. Uma equipa pode aceitar uma encomenda leiloada fazendo uma licitação para a mesma. O montante da licitação é a recompensa. Se ambas as equipas licitarem, a licitação mais baixa ganha, como é óbvio. Se uma encomenda não for concluída a tempo, a equipa em questão recebe uma multa. Nas missões com prémio, a recompensa é determinada antecipadamente e é atribuída à primeira equipa a completar a missão. As equipas têm de decidir quais as tarefas que querem completar e como as querem completar, ou seja, onde obter os recursos e como navegar no mapa, tendo em conta destinos como lojas, armazéns, estações de carregamento e instalações de armazenamento.

Uma equipa é constituída por diferentes tipos de agentes. Os agentes diferem na sua velocidade, na sua deslocação pela cidade, na carga da bateria, na quantidade de mercadorias que podem transportar e nas ferramentas que podem utilizar para produzir outras mercadorias. Atualmente, existem 4 tipos: Carros, camiões, motas e drones.

As mercadorias podem ser compradas, fabricadas, entregues a um colega de equipa, armazenadas, entregues como parte de uma encomenda, retiradas de um armazém e deitadas fora. Estas acções podem ter lugar nos seus respectivos locais/instalações específicos. Para fabricar um artigo é necessário utilizar outros bens, alguns dos quais servem de matéria-prima e outros de ferramentas. Uma vez que cada tipo de agente só pode manipular um subconjunto de ferramentas, a produção de alguns bens requer a cooperação explícita de dois ou mais agentes.

Os agentes têm uma carga de bateria que diminui à medida que se deslocam de um local para outro. Têm de garantir que nunca ficam sem carga e, por isso, devem planear as suas visitas às estações de carregamento em conformidade. Tanto a deslocação de um local para outro como o carregamento da bateria numa estação de carregamento são acções que só são parcialmente concluídas em cada etapa e podem exigir várias etapas para serem concluídas.

Os pontos do torneio são distribuídos de acordo com o montante de dinheiro que uma equipa tem no final da simulação. Para receber o maior número de pontos, uma equipa tem de vencer a outra equipa e ultrapassar um determinado limite. Se uma equipa tiver dívidas elevadas, são-lhe deduzidos pontos. [19]

Os participantes têm acesso a um monitor de cenários que lhes permite acompanhar a simulação. Tal como descrito na figura abaixo, cada equipa pode analisar o que se passa em tempo de execução.

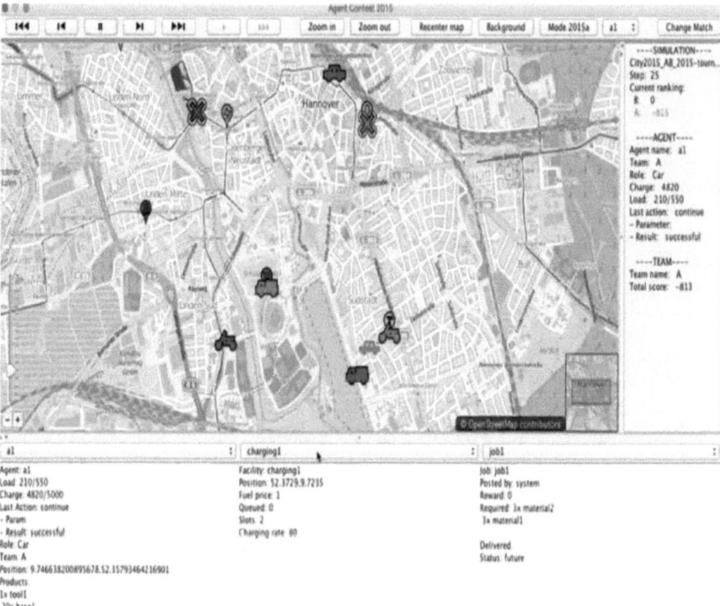

Figura 3.1: Monitor do concurso MAS

Especificação da atribuição de tarefas de agrupamento (CTA)

4.1 Visão geral da abordagem

A abordagem que propõe é semelhante à FBA, na medida em que considera a proximidade de um agente ao ponto de interesse para atribuir tarefas. No entanto, por vezes, apenas a proximidade da tarefa não é o melhor fator para decidir se um agente deve ou não cumprir uma tarefa. Algumas características do agente podem também ser relevantes para a atribuição de uma tarefa. No caso do estudo do concurso, um agente pode estar mais próximo de uma tarefa, mas outro agente que esteja ligeiramente mais afastado das instalações pode chegar mais depressa ao destino, por ser mais rápido ou devido à sua capacidade de voo. Para contrariar esta observação, é proposta a abordagem de atribuição de tarefas por agrupamento. A ideia é agrupar as tarefas em grupos com os melhores candidatos (agentes livres) de acordo com uma heurística. Por outras palavras, a localização que os agentes precisam de alcançar (configuração da tarefa) é definida como o centróide do agrupamento e os agentes dentro de cada agrupamento são os candidatos para executar cada tarefa. O nome Atribuição de Tarefas em Cluster tem a ver com um conceito lógico em que os agentes formam grupos. A Figura 4.1 mostra 6 agentes livres, 1 agente ocupado e 4 objectivos que os agentes devem atingir. O objetivo é determinar os melhores agentes a enviar para cada localização. A Figura 4.1 mostra que os agentes se formam de forma semelhante a clusters. No entanto, o algoritmo não utiliza uma abordagem matemática para a formação de clusters, por exemplo, as regiões dos clusters nunca são calculadas, são apenas utilizadas como saída gráfica para facilitar a compreensão do algoritmo. Para além disso, o nome clustering é utilizado porque os agrupamentos se assemelham a clusters e estes grupos são utilizados para determinar quais os agentes mais adequados para cada tarefa, reduzindo assim o número de chamadas à função de avaliação. Antes de começarmos a explicar a visão geral da heurística, é importante dar uma olhada em algumas definições importantes de termos.

4.1.1 Definições de termos heurísticos

- Centro de gravidade do cluster: Esta heurística foi desenvolvida para resolver problemas em que os agentes precisam de se deslocar de um sítio para outro. Por outras palavras, o centróide do cluster é sempre o local onde os agentes querem chegar, não sendo exatamente o centro de gravidade das regiões destacadas nas imagens seguintes. Na Figura 4.1, a estação de carga, o armazém, a loja e a oficina são as "tarefas", ou seja, os locais que os agentes livres pretendem alcançar. Por conseguinte, estes quatro locais são designados por "centros de agrupamento".

- Agente livre: é sempre um agente que não está ocupado. Um agente que está inativo ou à espera que lhe seja atribuída uma nova tarefa. Ao nível da implementação, a inatividade do agente é determinada por um vetor de ação vazio. Por outras palavras, o agente não está a executar qualquer ação neste momento.

- Candidatos: são sempre agentes livres que estão dispostos a cumprir uma tarefa. A Figura 4.1 mostra 6 agentes livres: Drone1, Carro1, Moto, Camião, Camião1, Carro2. Cada agente livre é sempre candidato a um único agrupamento e apenas os agentes do seu agrupamento competem por essa tarefa. Por exemplo, o Drone1 é candidato ao cluster da estação de carregamento, o Carro1 é candidato ao cluster do armazém, a Motorbike e o Camião são candidatos ao cluster do carregamento, o Carro2 e o Camião1 são candidatos ao cluster da oficina. A heurística foi desenvolvida desta forma para reduzir o número de chamadas à função de avaliação. Como veremos, calcular a rota entre o Camião1 e a estação de carregamento seria uma enorme perda de tempo, uma vez que estão claramente muito longe e os camiões são muito lentos. É óbvio que o Camião1 não é o melhor veículo para chegar à estação de carregamento. É importante salientar que a cruz verde (um drone) junto à estação de carregamento não é um candidato porque não é um agente livre. Por conseguinte, não faz parte deste grupo.

- Agrupamento: Os agrupamentos são definidos no momento em que as tarefas têm de ser atribuídas (as formações da figura 4.1 mudam sempre que é necessário atribuir um novo conjunto de tarefas). Os grupos são formados através do agrupamento do centro, da posição e da velocidade dos candidatos. A Figura 4.1 mostra que o agrupamento centrado na estação de carregamento contém o candidato Drone1. O agrupamento centrado no armazém contém o candidato Carro1. O agrupamento centrado na Loja contém os candidatos Camião e Motociclo. O agrupamento cujo centro de gravidade é Oficina contém os candidatos Camião1 e Carro2.

- Distância: é especificada pela distância euclidiana entre o veículo e a localização da tarefa (centro de gravidade do agregado).

- Velocidade: Para o caso de estudo, a velocidade do veículo é dada pelo número de passos percorridos em cada iteração (ver Quadro 4.1).

Quadro 4.1: Velocidades dos veículos - Concurso Multi-Agente 2016

Vehicle	Speed
Truck	1
Car	3
Motorcycle	4
Drone	5

Numa aplicação realista, este valor poderia ser a velocidade média percorrida pelo veículo numa hora. Este valor também pode ser ajustado de acordo com as estradas em que os agentes estão a circular. Por exemplo, a velocidade média numa cidade com ou sem trânsito, a velocidade média numa autoestrada.

4.2 Complexidade da função de custo - estudo de caso

Para determinar o melhor agente para realizar uma tarefa, é necessária uma função de avaliação. Para a competição, podemos assumir que a função de avaliação consiste no custo e no tempo de deslocação de um local para outro, pelo que a função de avaliação é definida principalmente por duas variáveis:

1) o custo que pode ser associado à quantidade de gasolina consumida e também ao custo de venda de um artigo numa loja.

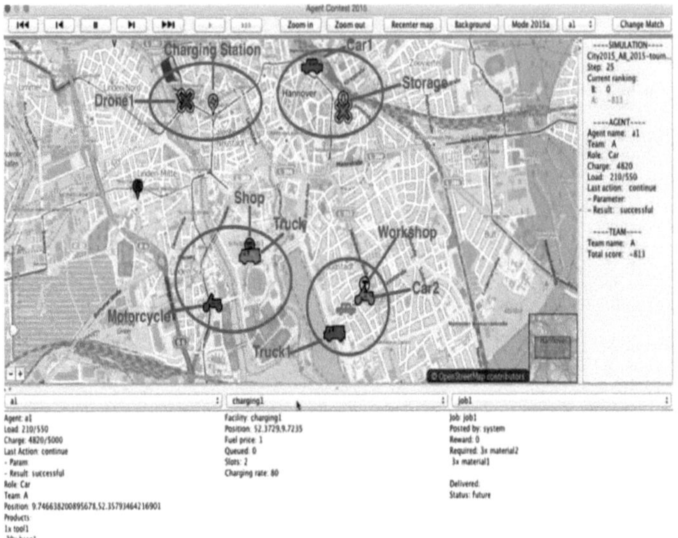

Figura 4.1: Visão geral da atribuição de tarefas de agrupamento

2) O tempo necessário para atingir o objetivo.

Por exemplo, suponhamos que um agente precisa de comprar um artigo numa loja. A loja 1 está mais perto do veículo, mas vende o artigo pretendido a um preço mais elevado do que a loja 2, que está mais longe. É importante lembrar que o agente gastará mais gasolina para chegar à loja 2 do que à loja 1, pelo que não é fácil determinar qual a melhor ação. Por outras palavras, uma avaliação numa função objetivo é importante para determinar qual é o melhor caminho. No caso do estudo da concorrência, a função objetivo é muito onerosa porque, para calcular a gasolina consumida, é necessário calcular também a distância entre cada ponto intermédio. Por exemplo, um veículo quer dirigir-se a uma loja, mas esta distância é demasiado longa para ser alcançada com um único depósito de gasolina. Por conseguinte, é possível que o veículo tenha de reabastecer várias vezes antes de chegar ao seu destino. Isto significa que é necessário calcular o percurso entre o veículo e as paragens intermédias até ao destino. No entanto, estes três percursos não são os únicos a ser calculados, porque a própria função de avaliação é um problema de otimização. Por outras palavras, o veículo deve passar pelo menor número de estações de carregamento e percorrer a distância mais curta para chegar ao seu destino de forma eficiente.

A Figura 4.1 mostra o percurso ótimo do veículo até um destino. É importante notar que o caminho ótimo depende da quantidade de gasolina que o veículo tem. No cenário seguinte, a mota estava quase sem gasolina e, por isso, tinha de se dirigir imediatamente a uma estação de carregamento.

Em resumo, a função de avaliação deve também calcular a adequação de muitas rotas para as estações de carregamento, de modo a encontrar a melhor rota do veículo para o destino. Outro ponto importante é o facto de ser necessário chamar um reboque se o veículo ficar sem gasolina, o que é uma penalização muito dispendiosa que implica uma grande perda de custos e de tempo.

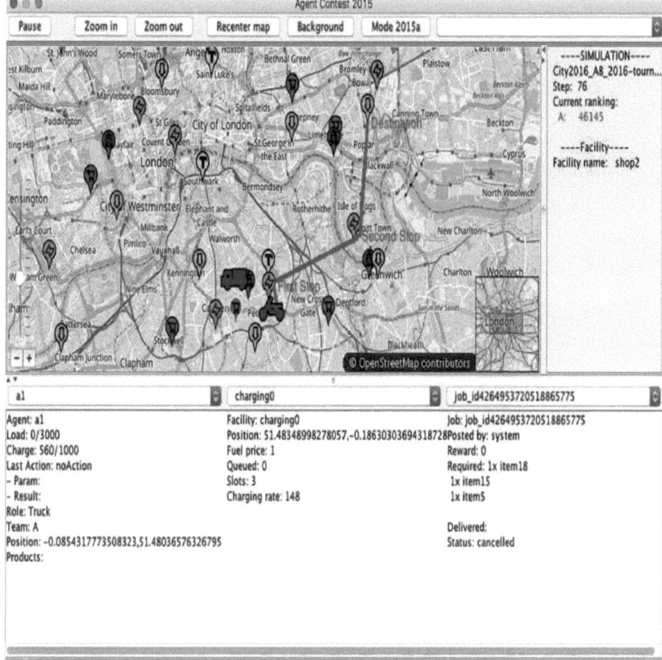

Figura 4.2: Destino da rota

Considerando que algumas funções de avaliação são muito dispendiosas, o principal objetivo do algoritmo proposto é reduzir o número de chamadas às funções de avaliação com base numa heurística. Esta heurística é definida pela forma como os agentes são agrupados como candidatos à atribuição de tarefas com base na sua velocidade e proximidade de um objetivo.

4.3   Etapas do algoritmo

Etapa 1: Determinar os freelancers e as tarefas a atribuir

O principal objetivo da heurística é determinar os agentes mais adequados para cumprir as tarefas atribuídas, tendo em conta que as tarefas são locais que os agentes pretendem alcançar. Sempre que é necessário atribuir uma tarefa ou um grupo de tarefas, são identificados agentes livres para determinar o agente mais adequado para realizar as tarefas necessárias. Se não houver pelo menos um agente livre, todas as tarefas são colocadas numa fila de espera. As etapas seguintes só são executadas se houver pelo menos um agente livre para a execução das tarefas.

Etapa 2: Definição das prioridades das tarefas

As tarefas devem ser ordenadas por prioridade. Quanto maior for a prioridade, maior será a probabilidade de vários agentes se candidatarem a uma determinada tarefa. Se as tarefas não tiverem prioridade, são ordenadas por hora de criação. Se algumas tarefas tiverem prioridade e outras não, as tarefas com prioridade são ordenadas e as restantes tarefas chegam ao fim da fila, ordenadas por hora de criação.

Passo 3: Definir cada tarefa como um foco de cluster.

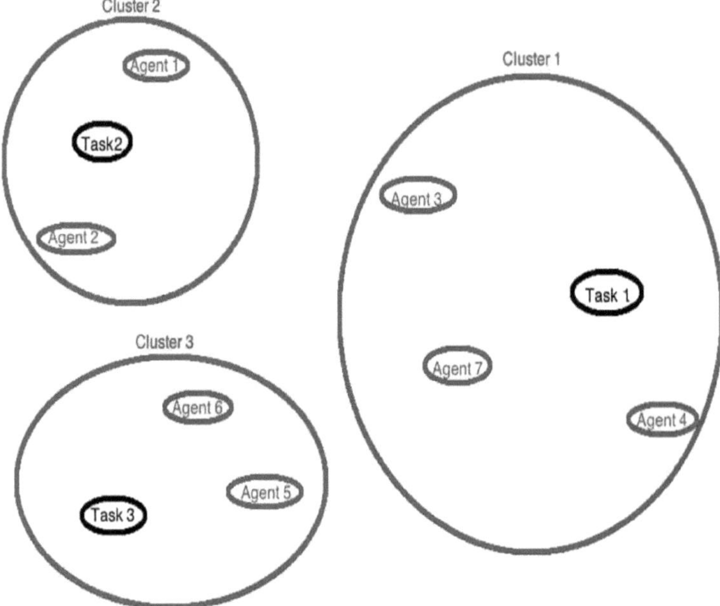

Figura 4.3: Atribuição de tarefas de agrupamento

O número de tarefas a atribuir determina o número de clusters. A Figura 4.1 tem 4 clusters porque há 4 tarefas a atribuir e os centros dos clusters são os locais atribuídos às tarefas que os agentes estão a tentar realizar.

Passo 4: Definir uma fórmula para determinar o número de agentes livres em cada cluster.

Quando os agentes se juntam a um cluster, isso significa que vão competir uns com os outros dentro desse cluster por essa tarefa. Esta competição é baseada nas suas funções de custo. Por conseguinte, é importante determinar o número de agentes em cada cluster, o que é útil para a relação entre o número de agentes livres e o número de tarefas a atribuir:

(a) Cenário em que o número de freelancers e de tarefas é o mesmo.
Há sempre um agente em cada cluster (ver Figura 4.4).
(b) Cenário com mais tarefas do que agentes
Neste cenário, as tarefas adicionais são colocadas numa fila de espera e aplica-se 4a. Consequentemente, existe sempre um cluster para cada tarefa com um agente em cada cluster (ver Figura 4.4).
(c) Cenário com mais agentes do que tarefas
A fórmula é $C = N/T$, em que C é o número de candidatos em cada cluster, N é o número total de agentes livres e T é o número de tarefas a atribuir. Neste cenário, a divisão entre N e T será sempre um valor inteiro

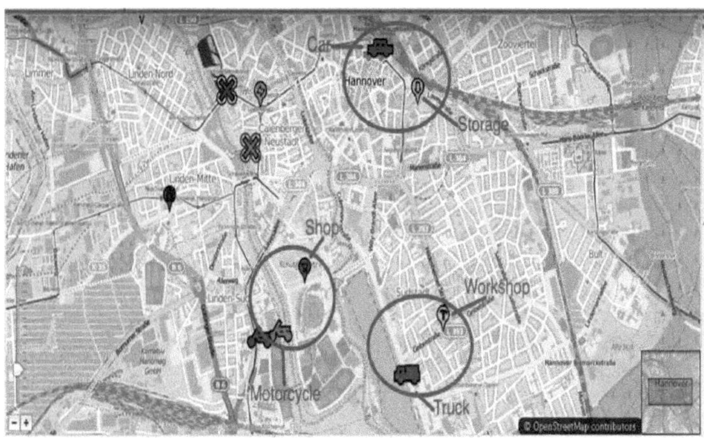

Figura 4.4: AIC com o mesmo número de tarefas e agentes

com um valor residual positivo. Na Figura 4.3, há três tarefas a serem atribuídas e há sete agentes livres competindo pelas tarefas. A divisão inteira entre o número de agentes e as tarefas é igual a: 7/3 = 2 ; resto = 1. Isto significa que cada cluster teria inicialmente 2 agentes nos seus clusters.

O valor residual é armazenado numa variável e percorre os clusters na prioridade definida na etapa 2, sendo adicionado um candidato a cada cluster e o valor desta variável é reduzido em uma unidade em cada iteração. O ciclo continua até que o valor da variável "Residual" atinja zero. No exemplo acima, o valor residual é 1, pelo que o cluster 1 recebe um novo candidato no seu cluster. Se o valor residual fosse 2, os clusters 1 e 2 teriam cada um 3 candidatos, enquanto o cluster 3 permaneceria com 2 candidatos.

Passo 5: Definição da regra de agregação de clusters

Depois de determinar quantos agentes devem estar em cada cluster, é importante determinar os agentes que devem estar em cada grupo. Para determinar quais os agentes que se juntam a um grupo, o rácio entre a velocidade e a distância ao centro de gravidade do grupo é calculado para cada agente. Assim, o algoritmo inicia um processo de iteração em que a primeira tarefa é tomada, todos os valores R para esta tarefa são calculados e o algoritmo selecciona os N valores R mais favoráveis para o grupo. N é o número de candidatos calculado na etapa 4 para esta tarefa e R = D/S; onde R é o rácio entre a distância euclidiana (do veículo ao centro de gravidade) e a velocidade do veículo. Isto significa que o rácio entre cada agente livre é calculado em relação ao centro de gravidade do grupo atual. Se os valores de R forem iguais, as propriedades dos agentes são consideradas como factores de desempate. Por exemplo, no caso do estudo do concurso, a quantidade de gasolina que o veículo tem ou a quantidade de peso que o veículo transporta pode ser o fator de desempate. É importante notar que a Figura 4.3 só pode ser desenhada após o final da Etapa 6. Assim, para descobrir que os agentes atribuídos ao cluster 1 na Figura 4.3 são o agente 3, o agente 4 e o agente 7, também foi necessário calcular o rácio entre os agentes 1, 2, 5 e 6 e a tarefa 1. No entanto, o número de cálculos de rácio é reduzido quando os agentes são adicionados aos clusters. Por exemplo, depois de os agentes 3, 4 e 7 se juntarem ao cluster 1, apenas é necessário calcular o rácio entre os agentes 1, 2, 5 e 6 e a tarefa 2 para determinar os agentes que devem juntar-se ao cluster 2. O processo de agregação de clusters é repetido até que todos os clusters estejam preenchidos com todos os agentes livres.

Etapa 6: Definição dos candidatos para a atribuição de tarefas dentro de cada cluster

Para determinar o agente que deve executar uma tarefa, cada candidato deve chamar a função de pontuação em relação ao seu centro de gravidade. A tarefa é atribuída ao agente que apresentar o valor mais elevado na função de pontuação.

Porque é que o agente com a quota mais elevada (etapa 6) não é atribuído diretamente a uma tarefa sem chamar uma função de avaliação?

No caso do estudo do concurso, a distância por terra até um destino nunca é a mesma que a distância em linha reta. Por conseguinte, mesmo que um veículo seja mais rápido e esteja mais próximo do destino, pode demorar mais tempo a chegar ao destino do que outro veículo. Esta regra poderia ser aplicada se todos os veículos fossem drones e nunca tivessem de evitar obstáculos; neste caso, o passo 6 do algoritmo seria a verdadeira função de avaliação. No entanto, este é um cenário muito irrealista. Por conseguinte, a etapa 7 é necessária para os cenários mais realistas.

O que acontece aos agentes aos quais não foram atribuídas tarefas nos clusters?

Os agentes não seleccionados permanecem inactivos e aguardam que lhes seja atribuída uma nova tarefa. Para lhe ser atribuída uma tarefa, um agente deve obter o melhor valor na função objetivo em comparação com os seus candidatos. A velocidade do agente e a proximidade do objetivo aumentam a probabilidade de lhe ser atribuída uma tarefa. Se a frequência de novas tarefas for muito elevada, serão comuns os cenários em que existe uma única tarefa para um único agente e, mesmo que um agente obtenha uma pontuação baixa na função objetivo, ser-lhe-á atribuída a tarefa, uma vez que não existe concorrência.

4.4 Comparação da abordagem líquida do contrato - Implementação alargada

A implementação predefinida da CNET não permite que vários agentes licitem em simultâneo, nem especifica como um agente selecciona uma tarefa para licitar. Por conseguinte, à semelhança da maioria das abordagens para melhorar a CNET, esta restrição será eliminada. A implementação da CNET seguirá as regras: Todos os agentes licitam para a primeira tarefa, o agente com a pontuação mais elevada na função objetivo recebe a primeira tarefa, para as tarefas seguintes este agente é excluído e os restantes agentes competem pelas restantes tarefas. Este processo repete-se até que todos os agentes tenham recebido uma tarefa. É importante salientar que esta estratégia não garante a quantidade óptima de atribuições, conforme descrito em 2.2.1, e aumenta a complexidade do algoritmo de linear para polinomial. No entanto, é uma boa estratégia para alcançar um equilíbrio entre velocidade e qualidade da solução.

Na Figura 4.3, são atribuídas 3 tarefas a 7 agentes. Com o método da rede contratual alargada, 7 agentes licitam para a primeira tarefa. Para a segunda tarefa, 6 agentes licitam. Finalmente, para a terceira tarefa, 5 agentes licitam para a última tarefa. Isto resulta em 18 chamadas à função de pontuação. Se olharmos para a imagem, parece que algumas funções de pontuação são uma perda de tempo porque alguns agentes estão claramente demasiado longe dessas tarefas, pelo que não são claramente as melhores soluções. Na abordagem proposta, a heurística agrupará os candidatos e a função de pontuação só será chamada para os candidatos que se encontram nos "centros de agrupamento".

Como resultado, apenas duas funções de pontuação são chamadas para a tarefa 1, três chamadas para a segunda tarefa e duas chamadas para a terceira tarefa. Como resultado, a função de pontuação é chamada apenas 7 vezes em vez de 18. A ideia é semelhante à de [20], ou seja, uma abordagem em que cada leilão é efectuado entre grupos de agentes vizinhos e requer apenas comunicação local. Por outras palavras, é feita uma tentativa de reduzir o número de chamadas à função de pontuação com base numa heurística.

4.5 Complexidade do algoritmo

Esta abordagem poderia reduzir drasticamente o número de chamadas às funções de avaliação e funcionaria como uma "pesquisa local convergente", uma vez que apenas os melhores candidatos para cada tarefa competem entre si. Os candidatos que estão extremamente longe de um objetivo são automaticamente excluídos pela heurística, o que resulta num menor esforço de processamento. A complexidade do algoritmo é linear, ou seja, uma chamada à função de avaliação para cada um dos agentes que procuram uma tarefa. No exemplo da Figura 4.2, o número de chamadas à função de avaliação seria de 6, uma vez que há 6 agentes a tentar obter uma tarefa. A qualidade das soluções será muito semelhante à do CNP se o cenário tiver poucos obstáculos ou se o percurso terrestre de ponto a ponto não for muito diferente da distância em linha reta. Por outras palavras, quanto mais irregular for o percurso terrestre, mais a qualidade das soluções diminui.

4.6 Atribuição dinâmica de tarefas

Deve-se notar que o layout do cluster muda dependendo dos requisitos de atribuição de tarefas. Por exemplo, vamos supor que as tarefas da Figura 4.2 precisam ser atribuídas no tempo 1. O algoritmo é executado e atribui a tarefa 1 ao agente 1, a tarefa 2 ao agente 3 e a tarefa 3 ao agente 5. Como resultado, os agentes 2, 4, 6 e 7 permanecerão inactivos até surgirem novas tarefas. Alguns segundos mais tarde (passo de tempo 10), são adicionadas duas novas tarefas e os outros agentes que foram anteriormente atribuídos ainda não concluíram as suas tarefas. Portanto, os agentes 2, 4, 6 e 7 competem pelas duas novas tarefas, conforme descrito na Figura 4.3.

É importante notar que as figuras 4.2 e 4.3 não estão impressas à mesma escala, mas as posições dos agentes 2, 4, 6 e 7 são as mesmas em ambas as figuras, uma vez que não lhes foi atribuída uma tarefa, tiveram de ficar parados. Assim, vamos supor que aos agentes 2 e 6 são atribuídas as tarefas três e quatro, então estariam em curso um total de quatro tarefas, quatro agentes estariam a trabalhar e dois estariam inactivos. Mais tarde, quando surgirem mais tarefas, são formados novos clusters para determinar a atribuição de tarefas. Além disso, os agentes que terminaram as suas tarefas podem competir por novas tarefas, uma vez que apenas os agentes livres o fazem. Finalmente, para cada nova rotina de atribuição, são formados novos clusters de agentes livres para encontrar os candidatos mais adequados.

4.7 Cenários adequados para a aplicação da abordagem

O principal objetivo é desenvolver um algoritmo eficiente para resolver problemas de atribuição de tarefas no domínio da logística dos transportes. Este algoritmo é também adequado para qualquer problema de atribuição de tarefas com tempo crítico, em que os agentes têm de se deslocar de um local para outro e em que a função de avaliação é muito dispendiosa. A abordagem CTA deve ser capaz de encontrar uma solução muito mais rapidamente do que o CNP e fornecer soluções de qualidade semelhante, uma vez que precisa de invocar a função de avaliação com menos frequência. Além disso, a conceção da solução é muito mais simples, uma vez que não implementa um protocolo complexo como o CNP.

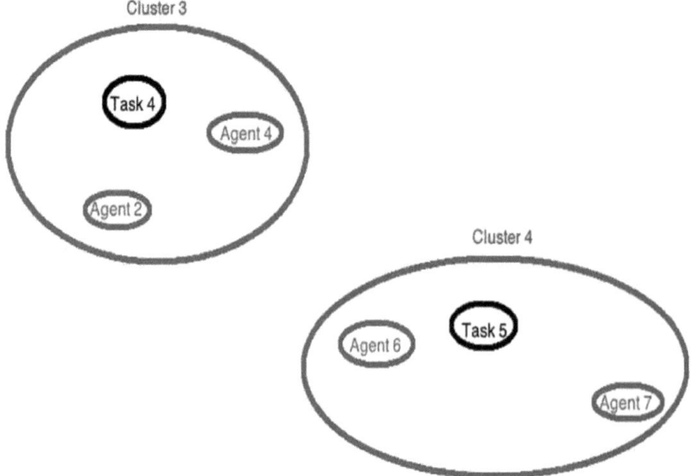

Figura 4.5: Atribuição de tarefas de agrupamento - passo de tempo 10

O procedimento para determinar os melhores candidatos para uma tarefa baseia-se numa heurística e não num procedimento de licitação. Em comparação com o ILP, também deve convergir mais rapidamente porque os clusters funcionam como soluções convergentes, ou seja, os candidatos a cada tarefa fornecerão sempre valores elevados na função de avaliação. Em comparação com a abordagem baseada no campo, esta abordagem só é relevante se a distância entre pares não for o único fator que determina a atribuição de tarefas. Se o cenário envolver apenas veículos voadores que nunca têm de evitar obstáculos, a abordagem FBTA é mais adequada do que a abordagem de atribuição de tarefas por agrupamento, uma vez que o objetivo de selecionar os melhores candidatos é que o agente mais próximo e mais rápido nem sempre é o agente mais adequado para a tarefa. Por exemplo, o veículo 1 pode estar a 50 km em linha reta até um destino, mas a distância total por terra é de 100 km. O veículo 2 pode estar a 60 km em linha reta do destino, mas o seu percurso terrestre até ao destino é de 65 km. Mesmo que o veículo 1 seja mais rápido e esteja mais próximo do destino em linha reta, o veículo 2 ultrapassá-lo-á.

Para qualquer outro tipo de problema em que o tempo não seja crítico e a função de avaliação não seja dispendiosa, o CNP deverá ter um melhor desempenho em termos de qualidade da solução, uma vez que não implementa heurísticas. Por outras palavras, o CNP deve fornecer um melhor conjunto de soluções se tiver mais tempo de processamento.

4.8 Exemplo de um cenário em que a abordagem pode ser útil

Vamos supor que temos robôs voadores que têm de se deslocar num ambiente. O mundo é complexo e os robots têm de evitar obstáculos para chegar aos seus destinos. A função objetivo é dada pelo custo de deslocação de um local para outro. Estes custos podem ser divididos em consumo de bateria e tempo necessário para evitar obstáculos. Neste cenário, os agentes partilham entre si informações sobre o seu ambiente. Uma vez que os agentes partilham as suas localizações e têm acesso a destinos comuns, esta abordagem pode ser utilizada para determinar qual o agente que deve ser enviado para o local pretendido.

4.9 Cenário em que o CTA terá um desempenho fraco

Uma vez que o objetivo do algoritmo é sacrificar a qualidade da solução para obter uma resposta mais rapidamente, as soluções fornecidas não são, por vezes, muito boas.

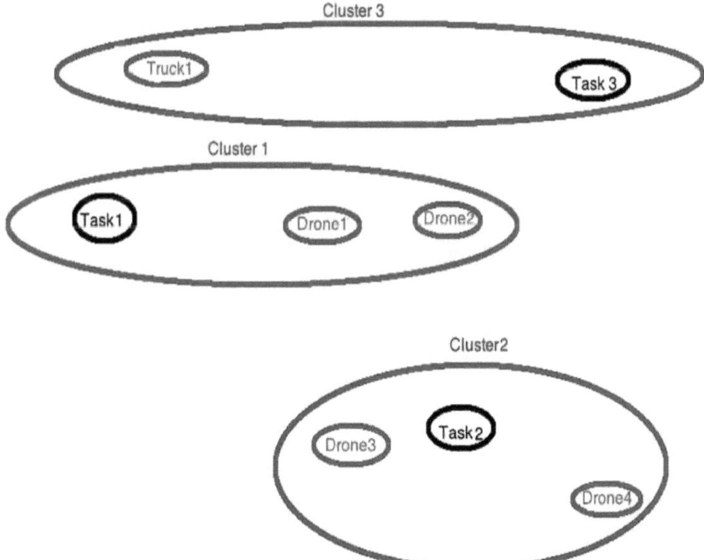

Figura 4.6: Cenário em que a AIC pode não funcionar bem

A Figura 4.6 descreve um cenário em que a heurística atribui a tarefa 3 a um agente não muito adequado. Neste cenário, no final do algoritmo, a tarefa 1 é atribuída ao drone1 e a tarefa 2 ao drone3. No entanto, a tarefa 3 é atribuída ao camião1, enquanto o drone2 e o drone4 permaneceriam inactivos. Neste cenário, atribuir o drone2 à tarefa 3 seria muito melhor, uma vez que o drone2 é mais rápido e está mais próximo do objetivo. Uma vez que a heurística definiu o drone1 e o drone2 como candidatos à tarefa 1, mesmo que um candidato seja selecionado para realizar uma atribuição, os restantes candidatos não podem entrar em clusters diferentes e, assim, competir por tarefas diferentes. Por outras palavras: Se um agente perder a competição pela pontuação, ele fica imediatamente ocioso e espera por uma nova tarefa. Este é o pior caso, mas a heurística continua a cumprir o seu objetivo principal: reduzir o tempo necessário para atribuir tarefas.

Candidaturas do CTA ao concurso de programação multiagente 2016

5.1 Descrição do cenário

Neste capítulo, vamos analisar todo o processo de atribuição de tarefas utilizando o algoritmo CTA aplicado ao exemplo da Figura 4.3. As explicações aqui apresentadas seguem os passos descritos em 4.3 - Passos do algoritmo. Este cenário representa o tempo zero de uma simulação de um concurso de programação multi-agente. No nosso cenário temos:

*7 freelancers

*3 tarefas a atribuir

Os agentes são veículos (as suas propriedades estão descritas na Tabela 5.1) que precisam de comprar artigos em lojas. Por conseguinte, as tarefas (propriedades descritas na Tabela 5.2) são os três locais onde os agentes querem chegar para comprar artigos. Além disso, estas tarefas não têm prioridade entre si. Vamos supor que a Figura 4.3 é representada num sistema de coordenadas cartesianas cujas coordenadas nos eixos X e Y variam de 0 a 10.

Quadro 5.1: Propriedades do veículo - (as coordenadas não estão à escala perfeita)

Vehicle Id	Vehicle Type	Speed	X coordinate	Y coordinate
Agent 1	Truck	1	3	9
Agent 2	Drone	5	1	7
Agent 3	Car	3	7	7
Agent 4	Motorcycle	4	10	2
Agent 5	Car	3	4	3
Agent 6	Car	3	3	4
Agent 7	Drone	5	7	3

Tabela 5.2: Propriedades da tarefa - (as coordenadas não estão perfeitamente escalonadas)

Task Id	Location name	X coordinate	Y coordinate	Creation Date
Task 1	Shop1	9	5	2017-07-17 10:00:00
Task 2	Shop2	2	8	2017-07-17 10:00:01
Task 3	Shop3	2	2	2017-07-17 10:00:02

5.2 Definição das prioridades das tarefas

Como mencionado na descrição do cenário, as tarefas fornecidas não têm prioridade, pelo que são ordenadas por hora de criação. A lista é ordenada por ordem decrescente, ou seja, as tarefas mais antigas são adicionadas primeiro à fila, seguindo uma política de enfileiramento FIFO (First in First Out). Como resultado, a lista ordenada tem o seguinte aspeto: tarefa1 , tarefa 2 e tarefa3.

5.3 Definir cada tarefa como um foco de cluster

Em primeiro lugar, deve ser atribuído o seguinte: Atribuir a tarefa 1, a tarefa 2 e a tarefa 3 como centros de cluster. Para que os agentes livres possam juntar-se a eles mais tarde.

5.4 Definir uma fórmula para determinar o número de agentes livres em cada agrupamento.

Agora temos de determinar em que caso (4.3 - passo 4) queremos atribuir os freelancers às tarefas:

- O número de agentes e de tarefas é o mesmo

- Há mais tarefas do que agentes

- Há mais agentes do que tarefas

Neste caso, aplica-se a fórmula em 4.3 - passo 4c, uma vez que existem sete agentes e três tarefas. Por conseguinte, aplica-se a fórmula: $C = N/T$, onde C é o número de candidatos em cada cluster, N é o número total de agentes livres e T é o número de tarefas a atribuir. Se substituirmos as variáveis por valores, obtemos: $C = 7/3 = 2$; como queremos a divisão por números inteiros, um resultado de 7,33 seria incorreto. No início, cada um dos problemas tem dois candidatos. Como esta divisão tem um resto, a tarefa 1 (que é o primeiro cluster após o tempo de criação) recebe o candidato adicional. No final, a tarefa 1 tem três candidatos, enquanto os grupos 2 e 3 permanecem com dois candidatos (ver Figura 4.3).

5.5 Definição da regra de agregação de clusters

Este processo começa com um ciclo. O algoritmo deve iterar sobre todos os clusters de acordo com a sua lista de prioridades (4.3 - passo 2). No nosso exemplo, o cluster 1 vem em primeiro lugar, depois o cluster 2 e, por fim, o cluster 3. Para determinar qual o agente que se junta a um cluster, é calculado para cada agente o rácio entre a velocidade e a distância ao centro de gravidade do cluster. Estes valores são armazenados numa matriz e os valores mais baixos correspondem ao número de candidatos que irão juntar-se ao cluster. O cluster 1 deve conter três agentes. No entanto, é necessário calcular o rácio de todos os agentes livres para determinar os três melhores agentes a integrar o cluster.

O rácio das substâncias activas livres individuais é calculado no quadro 5.3:

Quadro 5.3: Cálculo do rácio entre o cluster 1 e os freelancers

Vehicle Id	Vehicle Type	Speed	Euclidean Distance to Shop 1	Ratio
Agent 1	Truck	1	7.21	7.21
Agent 2	Drone	5	8.24	1.65
Agent 3	Car	3	2.82	**0.94**
Agent 4	Motorcycle	4	3.16	**0.80**
Agent 5	Car	3	5.38	1.80
Agent 6	Car	3	6.08	2.03
Agent 7	Drone	5	2.82	**0.56**

No exemplo, o Agente3(carro), o Agente4(mota) e o Agente3(drone) seriam atribuídos como candidatos a clusters, uma vez que têm os três valores de rácio mais baixos (a negrito). Os restantes agentes podem ser atribuídos a outros clusters. O algoritmo itera até que todos os clusters estejam preenchidos com todos os candidatos.

5.6 Definição do candidato para atribuição de tarefas

Para determinar o agente que deve executar uma tarefa, cada um dos candidatos deve executar a sua função de avaliação e a tarefa é atribuída ao candidato com a melhor avaliação. Neste caso, os veículos do primeiro cluster retornam os valores na parte inferior da função de avaliação. Esta função devolve um valor flutuante de acordo com (4.2 - Complexidade da função de custo - caso de estudo), quanto mais baixo for o valor de f(x), melhor. A função objetivo é calculada da seguinte forma:

f(x) = W1(S) + W2(G) + W3(I) ; onde S é o número de passos que o veículo percorre para chegar ao destino. G é a quantidade de gasolina utilizada para chegar ao destino e I é o preço do artigo a comprar. W1, W2 e W3 descrevem a ponderação destes critérios. Estes valores podem variar dependendo da forma como a função objetivo foi modelada; na minha implementação, estes valores são: W1 = 1; W2 = 0,2; W3 = 0,1. Depois de calcular a rota entre o veículo e o destino, podemos determinar os valores de S e G. Os valores fornecidos por I são devolvidos pelo servidor quando os agentes se aproximam das lojas. Substituindo estes valores nas variáveis, obtemos os seguintes valores na função objetivo:

- Agente3(Auto) Função de avaliação em relação à Loja1:
  f(x) = 1(15) + 0,2(100) + 0,1(150) =50

- Agente4(Motorbike) Função de avaliação em relação à Loja1:
  f(x) = 1(10) + 0,2(80) + 0,1(130) =39

- Função de avaliação do agente7(drone) em relação à loja1:
  f(x) = 1(5) + 0,2(50) + 0,1(100) =25

De acordo com a função de avaliação, ao Agente7 (drone) seria atribuída a Tarefa1 (loja1). O Agente3 e o Agente4 permanecem inactivos e aguardam a atribuição de uma nova tarefa. O mesmo procedimento é efetuado para o Cluster 2 e o Cluster. No final, são atribuídas tarefas a 3 agentes e os restantes 4 agentes permanecem inactivos.

Resultados

Para analisar o desempenho do algoritmo proposto, é feita uma comparação com o protocolo Contract-Net, uma vez que este protocolo é amplamente conhecido na literatura. Além disso, o CNP é amplamente utilizado para resolver tarefas de problemas como:

- Encaminhamento, por exemplo, modelação do fluxo de veículos em redes de tráfego...

- Programação, por exemplo, programação de lojas de fluxo, em que a gestão de recursos assegura a otimização local e a colaboração para a coerência global e local.

- Logística, por exemplo, o fornecedor deve recolher as matérias-primas para fabricar o produto e entregá-lo aos clientes distribuídos

Este protocolo foi também utilizado pelo vencedor da competição multiagente de 2016 [7], que é um problema de atribuição de tarefas logísticas. Por conseguinte, uma comparação com o CNP seria uma óptima referência.

6.1 Como surgiu a CNET

A versão CNET utilizada nesta experiência segue todas as regras explicadas em 2.2.1. No entanto, com as extensões descritas em 4.4. A complexidade desta implementação é polinomial, como explicado por [12] na secção 2.2.1. Também se poderia fazer uma comparação entre o CTA e a norma CNEP, mas as soluções da norma CNEP seriam tão fracas que essa comparação seria irrelevante. A razão para este facto é que a norma CNEP não especifica uma heurística para determinar quais as tarefas que os agentes devem oferecer, pelo que os agentes teriam de oferecer tarefas aleatórias, o que conduziria a dados estatísticos insignificantes.

6.2 Métricas da comparação

6.3 Métrica de tempo da comparação

Para permitir uma boa comparação, o tempo necessário para atribuir uma tarefa não é tido em conta, uma vez que depende fortemente da configuração do computador. Além disso, esta métrica pode ser altamente dependente da implementação da função de pontuação. Por outras palavras, pode variar demasiado em função do grau de otimização da função de pontuação. Por exemplo, uma pessoa pode modelar uma função de pontuação de forma mais eficiente do que outra. Ou uma pessoa pode escrever um código mais eficiente para implementar a mesma função do que outra pessoa. Em última análise, se dois programadores tentarem resolver o mesmo problema utilizando as mesmas estratégias, os resultados podem ser muito diferentes. Por conseguinte, o único parâmetro a considerar é o número de chamadas à função de pontuação, uma vez que esta métrica é mais adequada para comparar a eficiência dos algoritmos heurísticos. Além disso, esta métrica é mais adequada para comparar a eficiência da conceção da solução, por oposição aos ciclos de relógio da CPU, que são muito úteis para a implementação do desenvolvimento de software.

6.4 Métricas de desempenho da comparação

Para comparar a eficiência do algoritmo, cada tarefa deve ser avaliada de acordo com a sua eficiência. Por isso, as tarefas devem ser medidas através de uma função objetivo. Estes parâmetros são: Número de passos para chegar ao objetivo, quantidade de gasolina consumida, quantidade de dinheiro necessária para realizar uma ação (ver 5.6). O único parâmetro de desempenho considerado nesta comparação é o número de passos para chegar ao destino, uma vez que é mais relevante do que os outros parâmetros. Por conseguinte, as tarefas são medidas pelo número de passos para atingir um objetivo. Em competição, isto depende da velocidade do veículo e da distância a percorrer. Se um veículo tiver de parar para recarregar, são também tidos em conta alguns passos extra. Na simulação, cada passo corresponde a um segundo, pelo que 10 passos para chegar ao destino significam também 10 segundos. Para permitir uma comparação mais realista, são comparados os passos médios de todos os agentes afectados. Por conseguinte, pode ser atribuída a alguns agentes uma tarefa mais eficiente de algoritmo para algoritmo do que a outros. No entanto, o objetivo é avaliar a média dos passos atribuídos por ambos os algoritmos e compará-los no final.

6.5 Cenários de comparação

6.5.1 Cenário com uma corrida:

*A 16 agentes devem ser atribuídas 16 tarefas.

Os agentes são instanciados aleatoriamente no mapa, 16 instalações aleatórias são seleccionadas aleatoriamente como alvos. Inicialmente, é executada uma única tarefa para ambos os algoritmos, com os agentes e os alvos inicialmente configurados de forma idêntica. O objetivo principal é analisar se as decisões serão semelhantes. Se as decisões forem muito diferentes, o objetivo é descobrir porquê. O número de 16 agentes e tarefas foi escolhido para o cenário de execução única, uma vez que este é o cenário de atribuição de tarefas mais complexo possível no Concurso Multi-Agente de 2016. São apresentadas duas tabelas para esta comparação. A primeira tabela mostra: Objectivos, agentes atribuídos, passos para chegar à solução (qualidade da solução) e número de chamadas à função de avaliação. A segunda tabela mostra as diferenças (A) entre as atribuições dos dois algoritmos. Os valores positivos significam que o CTA tem um melhor desempenho do que o CNET.

6.5.2 Cenário de cem corridas:

*No cenário de centenas de execuções, cada execução tem um número diferente de agentes e instalações. O objetivo é extrair estatísticas colectivas de centenas de execuções para descobrir qual o algoritmo que demora menos tempo a atribuir tarefas e qual a qualidade das soluções fornecidas. Ao contrário do cenário com apenas uma execução, o objetivo aqui é determinar o comportamento dos dois algoritmos num grande número de cenários diferentes. No final de 100 execuções, a pontuação média das chamadas de função, a soma das etapas atribuídas a todos os agentes e o número de execuções em que

Quadro 6.1: Execução única - contrato líquido

Destination	Assigned Agent	Steps to Arrive	Score Function Calls
Charging station 1	Drone2	6	1
Charging station 3	Drone4	7	1
Charging station 7	Motorcycle3	8	1
Charging station 4	Drone3	3	1
Charging station 5	Car 1	9	1
Charging station 2	Car 3	7	1
Charging station 0	Drone 1	3	1
Charging station 8	Motorcycle1	18	1
Charging station 6	Motorcycle4	7	1
Shop 4	Motorcycle2	14	1
Shop 5	Car 4	34	1
Shop 1	Car 2	56	1
Shop 0	Truck 3	107	1
Shop 6	Truck 1	118	1
Shop 2	Truck 4	104	1
Shop 3	Truck 2	198	1
Total Score Function Calls	Total steps all tasks		
16	699		

Quadro 6.2: Corrida única - CTA

Destination	Assigned Agent	Steps to Arrive	Score Function Calls
Charging station 1	Drone 2	6	16
Charging station 3	Drone 4	7	15
Charging station 7	Motorcycle 3	8	14
Charging station 4	Drone 3	3	13
Charging station 5	Motorcycle 2	6	12
Charging station 2	Car 3	7	11
Charging station 0	Drone 1	3	10
Charging station 8	Motorcycle 1	18	9
Charging station 6	Motorcycle 4	7	8
Shop 4	Car 1	28	7
Shop 5	Car 4	34	6
Shop 1	Truck 3	54	5
Shop 0	Car 2	74	4
Shop 6	Truck 1	118	3
Shop 2	Truck 4	104	2
Shop 3	Truck 2	198	1
Total Score Function Calls	Total steps all tasks		
136	675		

Quadro 6.3: Diferentes categorizações entre a CNET e a CTA

Destination	Δ Assignments(CNET/CTA)	Δ Steps
Charging station 1	same agent	0
Charging station 3	same agent	0
Charging station 7	same agent	0
Charging station 4	same agent	0
Charging station 5	different agent	-3
Charging station 2	same agent	0
Charging station 0	same agent	0
Charging station 8	same agent	0
Charging station 6	same agent	0
Shop 4	different agent	+14
Shop 5	same agent	0
Shop 1	different agent	-2
Shop 0	different agent	-33
Shop 6	same agent	0
Shop 2	same agent	0
Shop 3	same agent	0
Δ Score Function Calls	Δ Total steps all tasks	
+120	-24	

Tabela 6.4: Comparação de desempenho e velocidade CNET/CTA - cem execuções

	Average number score function calls	average total steps assignment all tasks
CNET	31	108
CTA	7	84
	CTA 442% less score functions calls than CNET	CTA has solutions 28% better

Tabela 6.5: Comparação da qualidade da solução CNET/CTA - cem execuções

	Number of times best solutions were found
CNET	13
CTA	26
Same	61

Conclusões

Neste projeto, debruçámo-nos sobre a definição e as dificuldades dos problemas de atribuição de tarefas. Para compreender estes conceitos, apresentámos uma antevisão dos problemas clássicos de atribuição de tarefas na literatura. Posteriormente, compreendemos o que são problemas de tarefas de tempo crítico, que são abordados neste projeto.

O Capítulo 2 apresentou as abordagens mais comuns para resolver problemas de atribuição de tarefas. A programação inteira sofre do mesmo problema que as abordagens de pesquisa relacionadas: Fica presa em mínimos locais. As abordagens de licitação podem ser muito ineficientes se o número de licitações em cada iteração for limitado a um, como na especificação padrão da CNET. A não observância desta restrição pode conduzir a um problema de otimização na determinação do melhor conjunto de atribuições. As abordagens baseadas no terreno podem ser eficazes quando o único parâmetro necessário para determinar a afetação é a proximidade de uma afetação.

No Capítulo 3, vimos como os algoritmos de atribuição de tarefas podem ser utilizados para resolver problemas de logística e de cadeia de abastecimento. Também analisámos o concurso de programação multiagente organizado todos os anos pela Universidade de Tecnologia de Clausthal (Alemanha). Este concurso tem como objetivo estimular a investigação no domínio dos sistemas multiagentes. O cenário do concurso de 2016 exige um algoritmo de atribuição de tarefas com tempo crítico para escrever soluções eficientes, uma vez que os pedidos têm de ser enviados para o servidor a cada segundo e os agentes ficarão inactivos se os pedidos demorarem demasiado tempo. Além disso, as aplicações desenvolvidas para o concurso de 2016 também podem ser aplicadas a problemas de logística e de cadeia de abastecimento, uma vez que, neste cenário, os veículos se deslocam pela cidade para recolher e entregar artigos para satisfazer encomendas. Por outras palavras, são simulados problemas logísticos reais em que as empresas têm de comprar matérias-primas para a produção de bens, a fim de os poderem vender posteriormente a clientes em diferentes locais.

No Capítulo 4, apresentámos a Abordagem de Atribuição de Tarefas em Custering (CTA), um algoritmo de atribuição de tarefas em tempo crítico que tenta resolver os pontos fracos das abordagens mais comuns. O algoritmo evita a abordagem de pesquisa para evitar que fique preso no nível local. Além disso, tem uma complexidade linear como a abordagem CNEP padrão. Também utiliza uma heurística para determinar em que grupo cada agente se vai juntar. Esta abordagem funciona de forma semelhante a uma heurística eficiente aplicada na CNEP para determinar para que tarefa cada agente deve concorrer. Para além disso, o CTA tem em conta a velocidade do veículo e a proximidade do destino para determinar qual o agente que se juntará a cada agrupamento.

O capítulo 5 contém um exemplo de aplicação da AIC ao Concurso de Programação Multi-Agente 2016, descrevendo passo a passo todo o processo de atribuição e instanciando agentes e tarefas com valores.

No capítulo sobre os resultados, o CTTA é comparado com o CNEP em termos de rapidez de afetação e de eficácia das soluções. É explicado porque é que o CNEP foi escolhido como alvo de comparação. Este capítulo explica igualmente a métrica de comparação, os cenários de comparação e os atributos utilizados para gerar estatísticas.

7.1 Comparar CTTA/CNEP

7.1.1 Comparação em termos de velocidade

Em termos de velocidade, o CTT é muito mais rápido do que a versão alargada do CNEP porque chama muito menos a função de pontuação. As tabelas 6.1 e 6.2 mostram que a CNEP necessita de mais 120 chamadas à função de pontuação para determinar as atribuições de 16 agentes. Além disso, o algoritmo que utiliza a CNEP deve ter uma implementação optimizada da função de pontuação para determinar as acções dos agentes em menos de um segundo. A razão pela qual a diferença entre o número de chamadas à função de pontuação é tão grande deve-se à complexidade de ambos os algoritmos. O CTA é linear, enquanto o CNEP é polinomial estendido.

7.1.2 Comparação em termos de qualidade da solução

Em termos de qualidade da solução, o CTT é melhor do que a versão alargada do CNEP. Coincidentemente, a execução individual (Tabela 6.1) mostra que o CNEP tem uma qualidade de solução ligeiramente melhor. No entanto, a comparação das execuções em grupo (Tabela 6.3) mostra que o CTT fornece melhores soluções do que o CNEP alargado em 26 das 100 execuções. As estatísticas dos passos totais médios mostram que a qualidade das soluções CTA é a mesma em 61% das execuções. Em 40 % das execuções, os resultados foram diferentes. As estatísticas mostram que a qualidade das soluções encontradas é extremamente afetada quando estas divergem. Como consequência desta divergência, os resultados globais mostram que a AIC fornece soluções 28% melhores.

7.2 Deve utilizar sempre os CTT em vez da CNET?

Para encontrar o conjunto ótimo de atribuições na Tabela 6.1 utilizando uma pesquisa cega (abordagem de força bruta), cada um dos 16 agentes teria de licitar para cada uma das 16 tarefas, o que resultaria em 256 chamadas à função de custo (ver 4.2). Teríamos então de testar todas as combinações possíveis de tarefas atribuídas a cada um dos agentes com uma função objetivo que tenta minimizar a soma dos passos totais. Por outras palavras, testar 16! combinações possíveis de valores resultaria em 20.922.789.888.000 chamadas à função objetivo e, da forma como o CNET extended foi implementado, as soluções óptimas não são garantidas. No cenário da Tabela 6.1, todos os agentes licitam para a tarefa 1 (estação de carregamento 1), o drone 2 fornece o valor mais baixo na função objetivo (6 passos). Por conseguinte, esta tarefa é atribuída a este agente e ele não apresenta mais propostas para as tarefas seguintes. No entanto, esta pode não ser a melhor atribuição, uma vez que o drone 1 pode fornecer um valor mais baixo na função objetivo para outra tarefa. A heurística aplicada pelos CTT encontra uma forma de ter em conta as características dos agentes, tais como a velocidade e a proximidade, para encontrar os agentes mais adequados sem exigir demasiadas chamadas à função de avaliação. Os CTT devem ser sempre utilizados em vez da CNET alargada em qualquer tipo de problema de atribuição de tarefas em que os agentes tenham de se deslocar de um local para outro e em que a função de avaliação seja muito dispendiosa, desde que a qualidade da solução seja estatisticamente comprovada como sendo melhor.

É importante salientar que as soluções encontradas pelo CTA são melhores do que as encontradas pela CNET, mesmo quando se utiliza uma heurística (que se destina a encontrar soluções quase óptimas em menos tempo).

7.3 Objectivos alcançados

A heurística atingiu com sucesso o seu objetivo de acelerar o algoritmo. Em termos de qualidade da solução, o algoritmo teve um desempenho melhor do que o esperado, uma vez que esperávamos soluções ligeiramente piores do que o CNEP. Parece que o cenário descrito em 4.9 é muito improvável, pelo que a fraqueza do algoritmo acabou por ser irrelevante para os resultados globais.

7.4 Competências adquiridas

Este projeto foi muito útil para a minha aprendizagem pessoal. Em particular, aprendi muito sobre algoritmos de atribuição de tarefas. Escrever código para o concurso de programação multiagente de 2016 ensinou-me a complexidade dos algoritmos multiagente, especialmente em termos de coordenação entre agentes, que é fundamental para criar uma implementação inteligente de software multiagente. A sincronização entre cliente e servidor e a programação paralela são outros factores importantes que devem ser considerados para escrever algoritmos multiagentes eficientes. O paralelismo entre as acções dos agentes é uma caraterística que aumenta a complexidade do algoritmo, mas é necessário porque os agentes devem executar as suas acções em simultâneo. O problema desta caraterística é a dificuldade de depurar a coordenação incorrecta entre os agentes, pelo que a utilização de ferramentas de depuração específicas é muito importante.

CAPÍTULO 8

Investigação futura

Tal como descrito no ponto 4.9, o algoritmo tem alguns pontos fracos. Pode acontecer que um agente que não tenha sido selecionado na competição dentro do seu grupo seja mais adequado para executar outra tarefa. Por conseguinte, o conjunto de soluções pode não ser muito bom. Para corrigir esta vulnerabilidade, pode ser criada uma nova versão do algoritmo. Uma caraterística que permite aos agentes que não foram seleccionados juntarem-se a outros clusters e tornarem-se assim novos candidatos a outros clusters. Esta caraterística reduzirá a velocidade do algoritmo mas aumentará a qualidade das soluções.

Esta função pode ser adicionada ao algoritmo como um parâmetro booleano que pergunta ao utilizador se pretende permitir que os agentes se juntem a novos clusters. A sequência de figuras: 8.1, 8.2 e 8.3 explica como esta nova função seria implementada. Na Figura 8.1, a implementação predefinida do CTA requer apenas 5 chamadas à função de avaliação para atribuir o Drone3 à Tarefa1, o Drone3 à Tarefa2 e o Camião1 à Tarefa3. No entanto, como explicado na secção 4.9, seria uma má escolha atribuir o camião1 à tarefa3. A nova versão do algoritmo chamaria a função de avaliação duas vezes para a tarefa1 (drone1, drone2) (ver Figura 8.1) No passo seguinte, o drone2 poderia juntar-se ao Cluster2, o que resultaria em três candidatos para este cluster (ver Figura 8.2). Estes três agentes chamariam a função de objetivo e o drone3 seria atribuído ao cluster2. Na etapa 3, o drone 2 e o drone 4 juntam-se ao cluster 3, uma vez que perderam a competição no cluster 2. Depois de chamar a função de avaliação três vezes, o drone 2 seria atribuído à tarefa 3, que é a atribuição óptima neste cenário. Com esta abordagem, o número de chamadas à função de avaliação aumentaria de 5 para 8, mas isso resultaria numa melhor qualidade da solução.

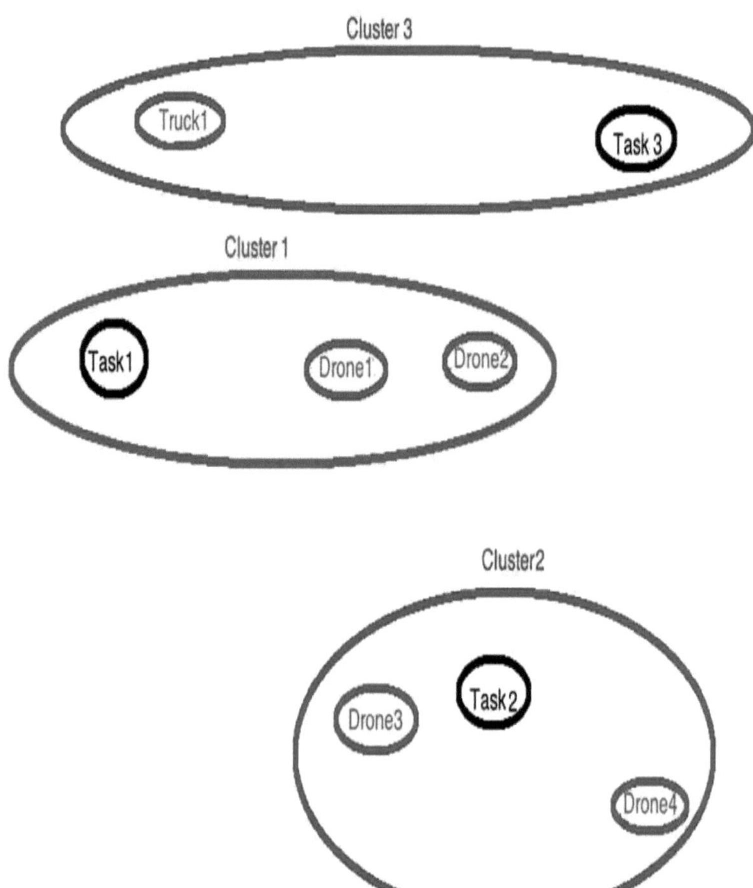

Figura 8.1: Nova caraterística CTTA - passo 1

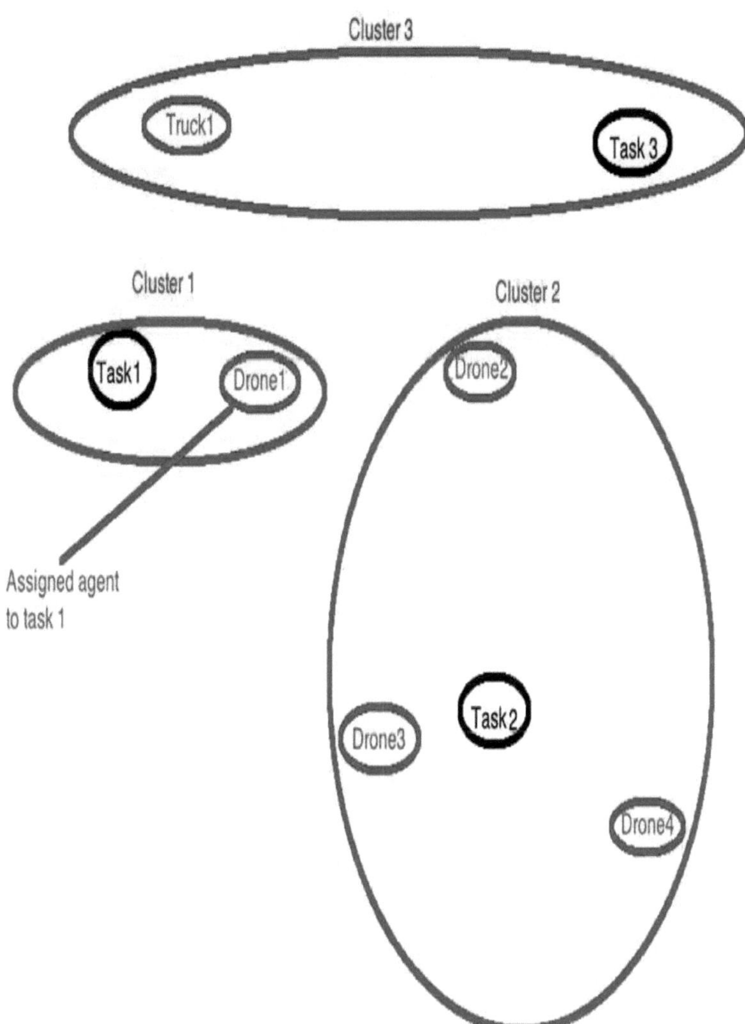

Figura 8.2: Nova caraterística CTTA - passo 2

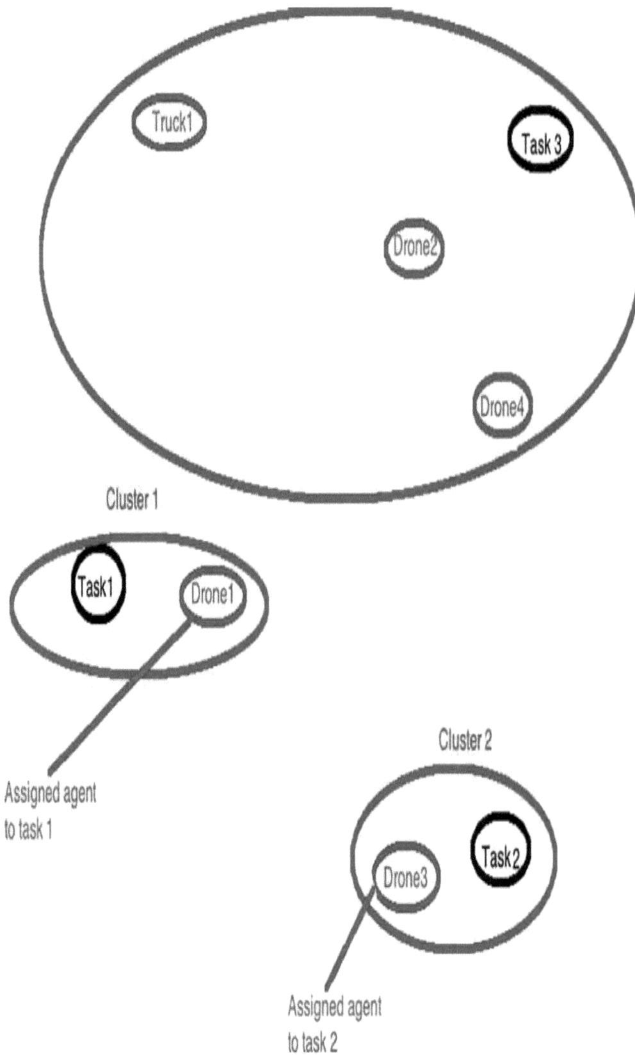

Figura 8.3: Nova caraterística CTTA - passo 3

Referências

[1] HA Almohamad e Salih O Duffuaa. "Uma abordagem de programação linear para o problema de correspondência de gráficos ponderados". In: *IEEE Transactions on pattern analysis and machine intelligence* 15.5 (1993), pp. 522-525.

[2] J. Randolph Andrews e Neville Hogan. "Impedance Control as a Framework for Implementing Obstacle Avoidance in a Manipulator". Tese de Mestrado. M.I.T., Departamento de Engenharia Mecânica, 1983.

[3] Sigurd Angenent, Steven Haker e Allen Tannenbaum. "Minimização de fluxos para o problema de Monge-Kantorovich". In: *SIAM Journal on Mathematical Analysis* 35.1 (2003), pp. 61-97.

[4] Reuven Cohen, Liran Katzir e Danny Raz. "Uma aproximação eficiente para o problema de atribuição generalizada". In: *Information Processing Letters* 100.4 (2006), pp. 162-166.

[5] Maria Pia Fanti, Agostino Marcello Mangini e Walter Ukovich. "Um algoritmo de consenso distribuído para alocação de tarefas na gestão da cadeia de suprimentos". In: *IFAC Proceedings Volumes* 45.6 (2012), pp. 566-571.

[6] Gerd Finke, Rainer E Burkard, e Franz Rendl. "Problemas de atribuição quadrática". In: *North Holland Mathematical Studies* 132 (1987), pp. 61-82.

[7] Artur Freitas et al. "Limitações e divergências nas abordagens à modelação e programação orientada a agentes". In: *Engineering Multi-Agent Systems* (2016), p. 88.

[8] Lloyd Greenwald e Thomas Dean. "Solving time-critical decision problems with predictable computational effort". In: *Segunda Conferência Internacional sobre Sistemas de Planeamento de IA*. 1994, S. 25-30.

[9] YY Haimes e Vira Chankong. *Tomada de Decisão Multiobjectivo - Teoria e Metodologia*. 1983.

[10] Meng Ji, Shun-ichi Azuma, e Magnus B Egerstedt. "Atribuição de funções na coordenação multi-agente". In: (2006).

[11] Muhammad Kafil e Ishfaq Ahmad. "Optimal Task Allocation in Heterogeneous Distributed Computing Systems" (Atribuição óptima de tarefas em sistemas de computação distribuídos heterogéneos). In: *IEEE Concurrency* 6.3 (1998), pp. 42-50.

[12] Anthony Karageorgos et al. "Agent-based optimisation of logistics and production planning". In: *Engineering Applications of Artificial Intelligence* 16.4 (2003), pp. 335-348.

[13] Oussama Khatib. "Evasão de obstáculos em tempo real para manipuladores e robôs móveis". In: *The international journal of robotics research* 5.1 (1986), pp. 90-98.

[14] Bruce Krogh e Charles Thorpe. "Planeamento integrado do caminho e direção dinâmica para veículos autónomos". Em: *Robotics and Automation. Actas. Conferência Internacional do IEEE de 1986*. Vol. 3. IEEE. 1986, S. 1664-1669.

[15] Harold W. Kuhn. "O método húngaro para o problema da afetação". In: *Naval Research Logistics Quarterly* 2.1-2 (1955), pp. 83-97.

[16] Kristina Lerman et al. "Analysing dynamic task allocation in multi-robot systems". In: *The International Journal of Robotics Research* 25.3 (2006), pp. 225-241.

[17] Virginia Mary Lo. "Heuristic Algorithms for Task Assignment in Distributed Systems" (Algoritmos Heurísticos para Atribuição de Tarefas em Sistemas Distribuídos). In: *IEEE Transactions on Computers* 37.11 (1988), pp. 1384-1397.

[18] David F. Manlove et al. "Variantes difíceis de um casamento estável". In: *Theoretical Computer Science* 276.1-2 (2002), pp. 261-279.

[19] *Concurso de Programação Multi-Agente MASContest: Descrição do cenário.*

https://multiagentcontest. org/2016/scenario/. Acedido em: 2017-10-06.

[20]   Nathan Michael et al. "Distributed multi-robot task allocation and formation control". Em: *Robótica e Automação, 2008, ICRA 2008, Conferência Internacional do IEEE*. IEEE. 2008, S. 128-133.

[21]   Judea Pearl. "Heurística: Estratégias de pesquisa inteligente para resolver problemas informáticos". In: (1984).

[22]   Jay M Rosenberger et al. *The generalised weapon target assignment problem*. Relatório técnico TEXAS UNIV AT ARLINGTON, 2005.

[23]   Senjuti Basu Roy et al. "Optimising task allocation in knowledge-intensive crowdsourcing" (Otimizar a atribuição de tarefas em crowdsourcing com utilização intensiva de conhecimentos).
In: *The VLDB Journal* 24.4 (2015), pp. 467-491.

[24]   Omri Serlin. "Scheduling of time-critical processes". In: *Proceedings of the May 16-18, 1972, spring joint computer conference*. ACM. 1972, pp. 925-932.

[25]   Reid G. Smith. "The contract network protocol: high-level communication and control in a distributed problem solver". In: *IEEE Transactions on Computers* 12 (1980), pp. 1104-1113.

[26]   Stephen L. Smith e Francesco Bullo. "Goal assignment for robot networks: Asymptotic performance under limited communication". Em: *Conferência Americana de Controlo, 2007. ACC'07*. IEEE. 2007, S. 1155-1160.

[27]   Vidosav Stojanovic. "M. Ben-Ari Principles of concurrent and distributed programming, 2/e Softcover pp. 361, mais XV Addison Wesley, Harlow England, 2006 ISBN 0-321-31283-X". In: *Facta universitatis-series: Elektronik und Energetik* 19.2 (2006), pp. 334-336.

[28]   Craig A. Tovey. "Um problema simplificado de satisfatibilidade NP-completo". Em: *Matemática Aplicada Discreta* 8.1 (1984), pp. 85-89.

[29]   Deo Vidyarthi et al. *Scheduling in distributed computing systems: analysis, design and models*. Springer Science & Business Media, 2008.

[30]   Danny Weyns, Nelis Boucke e Tom Holvoet. "A field-based versus a protocol-based approach to adaptive task assignment". In: *Autonomous Agents and Multiagent Systems* 17.2 (2008), pp. 288-319.

[31]   Michael M Zavlanos e George J Pappas. "Uma abordagem de sistemas dinâmicos à correspondência de grafos ponderados". Em: *Automatica* 44.11 (2008), pp. 2817-2824.

[32]   Michael M Zavlanos e George J Pappas. "Atribuição dinâmica no planeamento de movimentos distribuídos com coordenação local". Em: *IEEE Transactions on Robotics* 24.1 (2008), pp. 232-242.

Índice